Los 12 Regalos De Papá

Jose Gordo y Jacqueline M.Q.

Jose Gordo y Jacqueline M.Q.

José Gordo

Los 12 Regalos de Papá

Los personajes y los hechos narrados en este libro son ficticios. Cualquier parecido con personajes reales, vivos o muertos, es pura coincidencia no intencionada por parte del autor.

Título original: Los 12 Regalos de Papá
© Jose Gordo
© EscritoresFamosos.com
Publicado: 28.08 2017

Edición de portada e interior: Ion Iacob

Dedicado a todos los Padres, que desean inculcar a sus hijos las claves del éxito mediante el ejemplo.

Jose Gordo y Jacqueline M.Q.

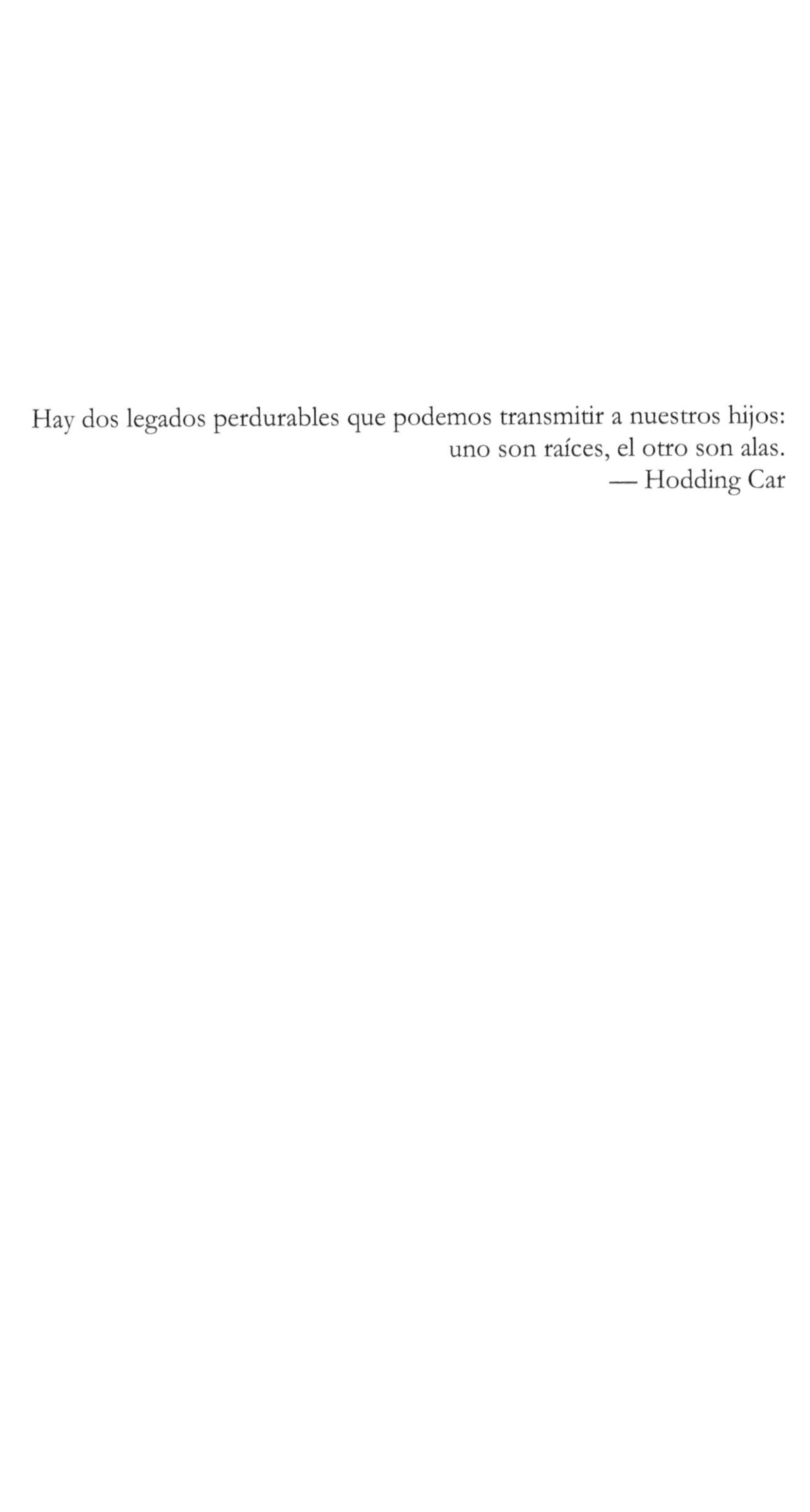

Hay dos legados perdurables que podemos transmitir a nuestros hijos:
uno son raíces, el otro son alas.
— Hodding Car

EL EMAIL SORPRESA

Jefferson tenía por delante 10 horas de vuelo desde Madrid – Panamá, las cuales agradecía que fueran en primera clase con una copa de Champán y un estupendo libro de Josef Ajram sobre Trading, su próxima ficha en los negocios.

— Señor Gispert, ¿necesita usted algo más? – la azafata, una chica panameña con uniforme de color azul marino, el cual combinaba con el lápiz de sus ojos negros, le sonreía con gran cortesía.

— No, gracias – esta asintió y fue al siguiente huésped de aquellos asientos de color crema amplios y llenos de espacio. En sus sueños más descabellados, Jefferson siempre se imaginó viajando de un lado a otro, atendiendo llamadas de Japón, de Estados Unidos y teniendo socios que al final se convertirían en parte de su familia…Todo aquello se hizo realidad, el trabajo y su dedicación le habían dado aquella placentera vida, que tanto le llenaba. Podía comprar cuantos libros quisiera y asistir a los mejores seminarios por el mundo.

Al ser consciente de su espléndida vida sonrió dispuesto a adquirir nuevos conocimientos.

— Bueno, vamos a aprender más sobre Trading – dijo Jefferson a punto de abrir el libro por la primera página, entonces, como si fuera cosa del destino, un email llegó a su celular, otro pro de ser cliente VIP, tener Wifi durante el vuelo. Revisó en caso de que fuera algo urgente cuando el asunto le causó una gran curiosidad. Pulsó sobre la pantalla del iPhone y el email se abrió.

Jefferson puso los ojos en blanco. ¿Qué habría hecho su hijo rebelde esta vez? La última vez se había rapado el pelo y su mujer casi pierde los nervios. Realmente creía que no se había enterado de nada de lo que había tenido que hacer para darle aquella vida de lujo, así que algo desilusionado, comenzó a leer el email de la tutora de su hijo, Miss Anna.

Estimado señor Jefferson, le escribo en relación a su hijo Porthos, el cual ha escrito un relato de lo más interesante para la clase de lengua. Se le pidió que relatara cual fue el regalo más importante que su padre le hizo. Muchos alumnos han descrito viajes exóticos, una vuelta en Ferrari, una fiesta de cumpleaños por todo lo alto…pero su hijo nos ha sorprendido al entregarnos una historia de lo más emotiva sobre usted, de como le ha regalado algo que le cambió la vida. Creo que debería leerlo, ya que ha sorprendido a todo el centro escolar, no sabemos muy bien si alguna vez le dio las gracias por este regalo, pero está claramente escrito aquí.

Espero que le emocione tanto como a mí.
Un saludo. Miss Anna.
Directora del Colegio Estudiantes de Oro.

Jefferson reflexionó por un momento cual debía de ser el regalo que a Porthos le había cambiado tanto la vida, tal vez el apartamento en Marbella o estar en uno de los colegios más prestigiosos del país, que vistiera marcas de lujo o tal vez era el viaje a Disney de hacía 2 años…realmente le causaba una gran curiosidad saber cual era el regalo del que hablaba la profesora. Así que ante las horas que tenía por delante decidió no leer a Ajram aquella tarde, sino a Porthos.

Abrió el archivo adjunto que había en el email y comenzó.

<u>EL PRIMER REGALO DE PAPÁ</u>

El secreto del éxito financiero estriba en gastar lo que sobra después de haber ahorrado y no en ahorrar lo que sobre después de haber gastado.

— *Robert* *Allen*

Mi padre se llama Jefferson, tiene 46 años y siempre ha estado trabajando, obsequiándome, sin que él lo supiera, un gran regalo que hoy a los 16 años comprendo su valor.

El primer regalo me lo dio cuando tenía 6 años. Aún recuerdo aquel día con claridad. Entró en casa más tarde de lo normal, con varios libros bajo el brazo. Parecía realmente entusiasmado, como cuando me regalaban un nuevo video juego. No dijo nada, simplemente se sumergió en su despacho, sabía que no me estaba ignorando, más bien se había perdido en alguna clase de idea que revoloteaba en su mente y de la cual yo no era participe todavía.

Me quedé mirando como entraba en su oficina y cerraba la puerta. Totalmente lleno de curiosidad me levanté del suelo, donde jugaba con mis Legos y llamé dos veces a la puerta.

— Sí – abrí y lo encontré con los libros abiertos en diferentes páginas, eran de tapa morada, me incliné un poco y leí el nombre del autor; Robert T. Kiyosaki. Mi padre tenía un rotulador de color amarillo en su mano, leía moviendo los labios sin emitir sonido alguno, luego tomaba un boli y apuntaba en una libreta frases de forma rápida, como si hubiera encontrado el mapa de un gran tesoro.

No sé cuanto tiempo estuve allí, observándolo, pero por primera vez sentí que no le molestaba mientras apuntaba en sus cuadernos, pues normalmente eran facturas, por lo que supuse que aquello era algo que le hacía sentir bien.

— ¿Quién es ese Robert, papá? – este se volvió y me miró como si no se hubiera dado cuenta, que estaba allí de pie con un Lego policía en mis manos. En sus ojos redondos de color chocolate bailaban unas estrellitas de emoción y su boca fina sonreía. Pasó la mano por su cabello rapado al estilo militar. Mi madre solía decir que era una especie de soldado de su trabajo, ya que siempre estaba de aquí para allá vendiendo alarmas de seguros. Yo lo veía como el próximo jefe de la armada y después de aquel día supe que eso era lo que estaba buscando, ser el dueño de su propio ejército.

— Es un hombre que ha escrito libros para tener tu propio negocio – su voz era tranquila y pensativa a la vez.

Me rasqué la nariz al no comprender.

— ¿No se necesita ser millonario para eso?

Mi padre soltó el bolígrafo para prestarme toda su atención.

— Eso es lo que yo creía, pero este Robert era un hombre pobre, hasta tal punto de vivir durante semanas en el coche con su esposa, pero entonces alcanzó la Libertad Financiera en 5 años gracias a ser dueño de negocio.

— Libertad…Finan…¿qué? – pregunté algo inseguro.

— Libertad Financiera.

— ¿Qué significa eso, papá? – este me señaló una silla. Al comprender fui a por ella y la levanté con cierta dificultad hasta sentarme a su lado.

— Coge una hoja y un lápiz – asentí y tomé los que estaban en el cajón de su escritorio. – Ahora quiero que escribas cuanto dinero te di el mes pasado por sacar buenas notas.

— 30 euros – mi padre asintió y yo apunté la cifra.

— Ok, ahora dime cuanto gastaste en juguetes y chucherías este mes – me di unos golpecitos con el lápiz en la cabeza.

— Mmmmm unos 50€.

Mi padre tomó un rotulador rojo y apuntó en grande.

¡Estás en Bancarrota!

No entendía muy bien lo que me decía, pero sabía que todo lo que incluyera la palabra "rota" venía acompañado de un castigo.

— ¿Sabes qué significa? – negué la cabeza – significa que gastas más de lo que ganas. Eso es lo que hace pobre a la mayoría de la gente, gana mil euros, pero gastan mil quinientos. ¿Cuál crees que es la solución?

— Ganar más dinero – mi padre asintió.

— ¿Y cómo lo harías tú? – pensé durante unos segundos.

— ¡Trabajando más! – mi padre negó la cabeza esta vez.

— No, hay que trabajar de forma inteligente. Ser dueño de tu propio negocio puede darte más porcentaje que siendo un Comercial, como lo soy yo ahora.

— ¿Vas a dejar tu trabajo? – esa fue la primera vez que tuve miedo a que papá fuera uno de esos vagabundos que veía por la calle y nos pedía dinero a mí y a mamá, cada vez que cruzábamos frente a uno de ellos. No quería ver a mi padre de aquella manera y tener que decirle que no tenía nada, cuando unas monedas tintineaban en mis bolsillos para chicles.

— Aún no – respondió con una mirada cómplice.

— Padre Rico, Padre Pobre… – dije inclinándome un poco leyendo uno de los títulos de los libros. – ¿Tenía dos padres? – este asintió mientras creaba una tabla en su libreta. – ¿Cómo es posible?

— Uno le enseñaba cosas como sacar buenas notas y tener un buen trabajo, el otro a invertir, ahorrar y tener su propio negocio.

Solté una risita.

— Yo también tengo dos papás – este me miró al instante con un gesto serio, temí haberle ofendido.

— ¿Por qué dices eso? – negué la cabeza intentando remediar mis palabras.

— No…era broma… – mi padre me agarró por los hombros.

— Porthos, sé sincero conmigo, lo necesito más que nunca – asentí algo nervioso.

— Es que tú me enseñaste lo importante que es sacar buenas notas para tener un buen trabajo, como uno de los papás de Robert, pero ahora me enseñas a tener mi propio negocio…como el otro papá.

Este me soltó a medida que asentía.

— Gracias hijo – y me fui de la habitación al ver que volvía a sus quehaceres con aquellos libros de tapa morada.

A día de hoy pienso que se dio cuenta de que había sido mi Padre pobre toda la vida y que estaba empezando a convertirse en el rico.

Después de aquel día mi padre se pasaba horas en su oficina tras regresar del trabajo, apuntaba, escribía en su libreta y a veces tenía llamadas telefónicas con otro hombre, que parecía leer el mismo libro que él, ya que no paraba de decir cosas como "sí, Robert habla justo de eso" o "quiero dejar de preocuparme y ocuparme". Sinceramente yo no entendía demasiado, solo le oía desde mi habitación o el salón pensando en que quería un videojuego y ya no me quedaba paga del mes, estaba en Bancarrota como decía mi padre.

Estaba gastando más de lo que me daban de paga con tan solo 6 años.

Aprendizaje del Primer Regalo:
"…significa que gastas más de lo que ganas. Eso es lo que hace pobre a la mayoría de la gente, gana mil euros, pero gastan mil quinientos."

El Segundo regalo de papá

Jose Gordo y Jacqueline M.Q.

Jose Gordo y Jacqueline M.Q.

Al principio creí que era un juego llamado "Quemar los barcos". Papá no paraba de repetir la frase una y otra vez, mientras mamá parecía enfadarse cada vez más.

— He quemado los barcos, ya no puedo seguir trabajando para ganar tan poco, he igualado mis ingresos.

El horror se dibujó en el rostro de mi madre al saber que papá hubiera quemado barcos, lo que yo no entendía era a cuales barcos se refería, papá nunca había tenido uno.

— Lo sabía, sabía que si comenzabas a leer libros sobre como tener tu propio negocio acabarías dejándolo todo.   ¿Qué haremos ahora? ¿Qué vamos a comer? ¿Dónde vamos a acabar?

En aquel momento comprendí que papá no había quemado solo un barco, sino uno en el que mi madre y yo también estábamos subidos.

— ¿No lo entiendes Melody? – mi padre la tomó por los hombros mientras ella lloraba. – Intento que dejes de preocuparte de ello para siempre – pero mi madre solo se apartó y fue directa al dormitorio con un portazo tras ella.   Mi padre se pinzó el puente de la nariz y suspiró. Creí que estaba llorando cuando entonces alzó sus ojos y me vio, allí de pie con 7 años, con mi Nintendo entre las manos totalmente asustado por que mi padre ahora era un quemador de barcos.

— Papá, ¿eres un pirata? – este pareció algo confuso cuando entendió mi pregunta.

— Lo dices por la frase de "Quemar los barcos" – asentí. – Mas o menos…

— Pero nosotros no tenemos ningún barco – mi padre soltó una risita nerviosa y se sentó en el sofá de cuero negro, yo le imité. Se inclinó hacia delante con las manos unidas como si rezara, cuando en realidad estaba buscando las palabras correctas para que yo comprendiera la situación, que estaba viviendo mi familia en aquel momento.   Entonces sus ojos buscaron en el suelo hasta que encontraron la manera de hacerme entender.

— ¿Recuerdas en que insiste siempre Jack Sparrow? – asentí entusiasmado como fan del pirata.

— Que le llamen Capitán Jack Sparrow – este soltó una risa al oír mi imitación del personaje.

— Exacto. Y eso es justo lo que estoy intentando, que me llamen Capitán, no ser más el marinero de otro barco, sino tener el mío y para ello necesito "Quemar los barcos" que me dan una vida que no me gusta.

Arrugué la nariz.

— ¿No te gusta vivir con mamá y conmigo? – al ver la gravedad del asunto y la dirección, que había tomado mi mente, este me agarró por los hombros, como si intentara que yo no huyera a mi dormitorio también.

— No me refería a eso, quería decir que deseo tener más en la vida. ¿No querrías más videojuegos? ¿O ir al cine cada fin de semana? ¿Ir a Disney? – mis ojos se iluminaron.

— ¡Claro que sí!

— Pues para ello debes quemar todo lo que impida tener lo que deseas y en mi caso ha sido mi trabajo.

— ¿Quemaste tu trabajo? – mi padre asintió – ¿Cómo?

— Lo he dejado para ser dueño de mi propio negocio.

— ¿En serio? – este asintió.

— ¿Y yo puedo quemar también mis barcos? – me sonrió.

— Sí.

— ¡Bien! ¡Ya no iré más al cole! – al oír aquello mi padre comenzó a reír a carcajadas.

— Eso es importante, Porthos, debes educarte para ser un buen hombre de negocios.   — Pero me impide tener lo que quiero, que es jugar más.

Mi padre posó su mano sobre mi hombro, como le vería hacerlo años después a muchos de sus socios, pero yo fui el primero de todos al que lo hizo, sintiendo como quería detener aquel momento y dejarme grabado un gran consejo.

— Porthos, para "Quemar los barcos" debes tener en cuenta lo siguiente; no debes quemar un barco sino tienes uno donde subirte. Es decir, yo he dejado mi trabajo, lo decidí hace unos meses, antes de tu cumpleaños, pero he tenido que trabajar en este nuevo negocio a la vez que en la Compañía de Seguros y ahora gano lo mismo, entonces puedo dejar mi trabajo. ¿Comprendes?

Asentí.

— Si tiras un juguete tuyo es porque ya tienes uno mejor, pero si te deshicieras del único que posees, ¿con cuál jugarías?

— Con ninguno.

— Así es, por ello si alguna vez deseas dejar un trabajo, una idea, un proyecto o lo que sea…asegúrate primero de igualar los resultados que ya obtuviste y que estos te llenen aún más.

— De acuerdo papá – este me sonrió y me dio una pequeña caricia en el cuello.

— Muy bien, ahora ve a tu habitación, tengo que hablar con mamá – asentí y me bajé del sofá. Correteé a mi habitación e hice un recuento de mis juguetes, cuales me satisfacían y cuales podía tirar.

En total tenía unos 8 juguetes que estaban viejos, estropeados o ya no eran tan divertidos. Por otra parte, contaba con 12 que si me divertían. Salí de la habitación y fui directo a la cocina donde mamá preparaba la cena, sopa de arroz.

— ¿Qué haces Porthos? – dijo al ver que rebuscaba en los cajones donde solía guardar recipientes de plástico, entonces encontré uno de aluminio que usaba para fregar el suelo. — ¿Dónde están las cerillas? – sus ojos me miraron de par en par.

— ¿Para qué quieres las cerillas? – busqué en mi mente la respuesta que todo adulto solía creerse.

— Es para el cole, un experimento.

— De acuerdo, toma – dijo abriendo el cajón frente a ella y dándome una caja pequeña, deslicé la tapa de cartón y las vi con la cabeza morada.

— Gracias – me fui directo a mi habitación con cerillas y cubo en mano. Al llegar deslicé los juguetes que había dejado sobre la mesa dentro del cubo y luego salí de la habitación con el sonido del plástico entrechocando con la chapa.

— Papá – entré en su despacho sin llamar a la puerta, estaba con el corazón a mil.

— Sí… – este se giró, sus ojos miraron de forma rápida mi cubo y mi mano con la caja de cerillas. – Porthos, ¿qué es eso?

— Voy a quemar mis juguetes, los que no uso, así tendré más espacio para los nuevos, porque estos me molesta verlos, son feos y están rotos la mayoría. Así la próxima vez que te pida un nuevo juguete no dirás que tengo tantos.

Mi padre soltó una fuerte carcajada y se palmeó las rodillas con ambas manos.

— ¡Me encanta la idea! Espera – dijo levantándose de la silla y abriendo el armario donde solía guardar su ropa de trabajo. Tomó las corbatas que siempre solía llevar, azules, rojas y negras. Las metió en el cubo, también su manual de la compañía de seguros, la usada maleta, tarjetas de visita y la gorra que recibió el primer día de trabajo. – Vamos.

Salí de allí sintiéndome un pirata a punto de encender un cañón, cuando mi madre detuvo la ilusión.

— ¿A dónde vais? – mi padre fue hasta ella y la besó con fuerza en los labios.

— Quema los vestidos que estas cansada de usar, deja espacio para lo nuevo.

— ¡Sí mamá! ¡Seamos los tres piratas!

— Pero…pero… – esta nos miraba de hito en hito sin saber que más decir, cuando entonces dejo la sopa hirviendo y se marchó. Creí que iba a dar otro portazo, pero en vez de eso solo oí el sonido de las perchas al deslizarse por la barra del armario. Tras unos segundos apareció con algunos vestidos, zapatos y bolsos en la mano.

— Me siento pobre cuando los llevo – dijo con una bonita sonrisa en su cara, como si se hubiera librado de un gran peso.

— Vamos afuera – fuimos a la entrada, en la acera de la calle. Puse el cubo en el suelo y mamá introdujo sus prendas.

— Voy a por alcohol – dijo ausentándose unos segundos para aparecer con una botella de plástico transparente. Mamá dejo caer el líquido y luego se apartó sujetándome a mí. Entonces mi padre se puso frente a nosotros, con el cubo en medio y deslizó la cerilla por la cajita. La llama surgió.

— Quemamos estas cosas para que lleguen cosas mejores a nuestra vida – y dejó caer la cerilla creando una fuerte llamarada que me calentó las mejillas.

— ¡Yujuuuuuu! – dije como si fuera un indio alrededor de la llamarada. – ¿Y vendrán papá? ¿Juguetes nuevos?

— Sí, pero solo si hacemos que ocurra.

Aprendizaje del Segundo Regalo: Quemar los barcos: "Debes tener en cuenta lo siguiente; no debes quemar un barco sino tienes uno donde subirte."

El Tercer regalo de papá

La mente que se abre a una nueva idea, jamás volverá a su tamaño original".
— Albert Einstein.

Jose Gordo y Jacqueline M.Q.

Contaba con la edad de 8 años. Ya las ideas comenzaban a circular por mi cabeza. Veía a papá tener conferencias por Skype, viajar para ayudar a ese nuevo miembro de su equipo y sobre todo nos llevaba al cine a mí y a mamá cada fin de semana que estaba en casa.

Sin embargo, había notado un gran cambio en él, aparte de que no llegaba a casa triste y exhausto. Su ropa era más elegante, olía a un perfume fresco, como menta y miel, y solía besar a mamá con entusiasmo cada vez que llegaba a casa…noté en él la felicidad. Sonreía más, dejando ver una hilera de dientes perfecta y un hoyuelo en su barbilla, que yo también había heredado.

Aquel nuevo comportamiento cambió totalmente la realidad que yo tenía de mi padre, olvidándome casi de como era antes de decidir alcanzar la Libertad Financiera.

No solía hablarlo con ninguno de mis compañeros porque ellos simplemente no mencionaban el trabajo de sus padres. Luego comprendí que un empleado no suele llegar a casa feliz, más bien, cansado de trabajar donde no le gusta. Hasta que tuve 8 años no me planteé si quería ser como los demás papás o como el mío, hasta que me vi una tarde en la sala de mi profesora Sara, realmente enfurruñada conmigo y a la espera de que mi padre acudiera a la reunión.

— ¿Hasta qué hora trabaja tu padre Porthos? – dejé de mirar mi pupitre lleno de garabatos para observarla a ella.

— No lo sé.

— ¿No sabes su horario? – me preguntó con la voz de decepción.

— No tiene – sus ojos se abrieron de par en par ante mi respuesta.

— ¿Cómo que no tiene? ¿Trabajo quieres decir?

— Horario, mi padre no tiene ni jefe, ni horario…es dueño de su negocio.

— No entiendo… – su confusión se cortó ante la entrada inminente de mi padre, su traje negro y camisa perlada dejaron a la profesora algo perpleja.

— Disculpe, estoy esperando a un padre, ¿puede aguardar fuera?

— Soy el padre de Porthos – respondió sentándose en el pupitre de al lado.

— Ah…vaya, no le había conocido, esta usted muy cambiado. ¿Le han ascendido en la COMPAÑÍA DE SEGUROS? – dijo eso último como si yo no me enterara de donde trabajaba mi propio padre.

Este me miró y alzó una ceja al no comprender la actitud de Sara, luego le devolvió la mirada.

— No, ya no trabajo en los Seguros. Ahora soy dueño de mi propio negocio.

— Vaya, felicidades, espero que tenga éxito – lo dijo rápido, como si fuera la tabla de multiplicar aprendida de memoria. - Me alegro que haya venido, Jefferson, estoy realmente preocupada por Porthos – ahora su tono era de adulta, entrelazó sus manos y las dejó sobre su propio regazo.

— ¿Y eso por qué? – mi padre me miró, una de las cosas que más temía a esa edad era decepcionarle, por ello tragué saliva de forma exagerada.

— Es por una respuesta en clase de Orientación. Como sabrá nos importa mucho el futuro de nuestros alumnos, por ello les enseñamos las posibles carreras que pueden escoger al ser adultos según sus notas.

— Entiendo – papá estaba comenzando a enfadarse, lo sabía por la manera en que se tensaba su mandíbula al hablar.

— Ayer todos debía hablar de cual sería su mejor trabajo, debían exponerlo en clase y cuando llegó el momento de Porthos... – esta se puso erguida y se llevó la mano al corazón. – Dijo algo que nos tiene preocupados a todos sus profesores, ya que carece totalmente de razonamiento y realidad.

— ¿Qué dijo? – no me miraba, solo tenía sus ojos clavados en mi profesora.

— Pues…que de mayor será millonario.

Fue como si lanzara una bomba y esperara su estallido, casi podía ver las imágenes que el cerebro de mi profesora dibujaba en mi cabeza, tal vez a mi padre tirando pupitres, dándome una buena bofetada, gritando poseído de la rabia, pero en vez de eso se movió un poco incómodo en el asiento y carraspeó.

— ¿Cómo de grave ve usted esa respuesta? – Desde que papá había comenzado a leer libros de Kiyosaki, Dale Carnegie o Maxwell, su comportamiento había cambiado. Ya no era un depredador hambriento, sino un leopardo inteligente, dispuesto a tantear el terreno antes de atacar.

— Bastante grave la verdad, si su hijo con 8 años cree que va a ser millonarios teniendo suspensos, es que vive totalmente en las nubes. Es imposible que alguien con sus calificaciones pueda generar grandes sumas de dinero.

— Claro, usted debe saber mucho sobre eso – esta asintió cuando entonces comprendió las palabras de mi padre.

— ¿Disculpe? – Mi padre alzó su mano derecha para detener la conversación, se levantó del pupitre algo inclinado y luego se acercó a la profesora. Extendió la mano y esta la miró como si fuera de color verde.

— Gracias por su preocupación, Porthos recibirá una pequeña charla al respecto.

La profesora Sara suspiró al ver que la conversación estaba a su favor.

— No sea demasiado duro con él – pero mi padre solo se limitó a darle la mano y sonreír.

— Vamos, hijo – me levanté y dije adiós a mi profesora. Al salir del aula papá no dijo nada, tampoco mencionó lo ocurrido en el pasillo, ni cuando subimos al coche.   Aquel silencio me estaba torturando. ¿Por qué no explotaba ya? Fui yo, entonces, quien habló primero.

— Lo siento… – mi padre puso la radio para no escucharme. Unas lágrimas resbalaron por mis mejillas. Miré por la ventana para que no viera mi debilidad cuando me di cuenta de que no íbamos dirección a casa, la alerta puso a mi corazón a mil por hora. – ¿A dónde vamos? – pero siguió sin emitir sonido alguno hasta aparcar el coche. Este abrió la puerta.

— Baja – tuve miedo a que le hubiera decepcionado tanto que quisiera dejarme en la calle como castigo. Aun así, hice caso sorbiendo mis lágrimas. – Vamos – le seguí hasta una calle principal donde se apiñaban toda clase de tiendas y cafeterías. Entonces se detuvo en una Librería, este caminó con paso decidido en su interior hasta llegar al fondo, donde un señor de cabello blanco y ojos grises estaba examinando un cuaderno.

— Hola señor, ¿desea alguna cosa?

— Sí – mi padre le sonrió – me gustaría ver la sección de biografías.

Este asintió y salió del mostrador. Guió a mi padre y a mí hasta un estante de color verde crema, con un cartel en letras góticas, donde se podía leer: Biografías.

— Gracias – dijo a modo de despedida. El hombre asintió y volvió a su lugar. – Muy bien Porthos.

Su voz no parecía tan temible como esperaba, estaba sereno.

— Quiero que escojas tres Biografías.

Asentí, no quería llevarle la contraria por nada del mundo. Escogí la de Steve Jobs, En Busca de la Felicidad de Chris Gardner y la del Presidente Abraham Lincoln. Eran más grandes que yo.

— Muy bien, vas a leerlos y a decirme si esos hombres sacaron buenas notas, lo cual les llevó a ser Millonarios y tener una Biografía en librerías de todo el mundo.

Confirmé que había captado su petición y este pagó los tres ejemplares. Los llevé en todo el trayecto, como si fueran grilletes. Subimos al coche y los dejé en mi regazo.

— Quiero que los leas en 30 días y luego me digas como fueron en el colegio.

No lloré en aquel momento, pero si cuando calculé cuantas paginas tenían aquellos libros. 1.681 en total.

Al llegar a casa mamá quiso saber porque la profesora Sara quería una reunión con mis padres.

— Luego te lo cuento – mi madre pareció contentarse. – Porthos, ve a tu cuarto y comienza a leer.

Hice caso entrando en mi habitación. Me senté sobre mi escritorio y las lágrimas comenzaron a circular. El primero que abrí fue el de Steve Jobs.

Fue insufrible, no porque me aburriera, sino porque algunas palabras no las comprendía, por lo que tenía que tomar el diccionario y buscarlas desesperado porque no deseaba perder más tiempo. Leía mientras comía, leía en vez de jugar a video juegos, leía en el recreo, leía los fines de semana…no quería despertar a la bestia que mi padre parecía haber dominado. Prefería mil veces leer que oír uno de sus gritos. Así que al final del mes ya había acabado la Biografía de Steve Jobs y comenzado la de En Busca de la Felicidad.

— Porthos – me llamó mi padre acelerando aún más mi corazón.

No había comido en todo el día más que un sándwich de queso para poder adelantar todo lo posible. Sin embargo, había sido en vano, tuve que buscar en Wikipedia la historia de Lincoln y como acababa la de Gardner. Estaba realmente asustado, ¿qué haría papá cuando supiera que aquellos libros habían hecho todo lo contrario a lo que él y la profesora querían?

— Voy – dije tomando los tres libros. Este estaba sentado en el sofá, vestido ya con su pijama.

— Deja los libros sobre la mesa y explícame como era la vida escolar de los tres personajes que has leído. – Mis manos temblaban.

— Pues…pues… – mi labio inferior me traicionó al igual que las lágrimas, comencé a llorar lleno de palabras, de hojas y de escenas que aquellos libros me habían regalado. – Lo siento – dije tapándome la cara con las manos. –Creo que no te va a gustar.

Mi padre no se movió.

— ¿Y eso por qué?

— Es que…eran… – sorbí las lágrimas como solo un niño sabe hacer, con el corazón en un puño – no eran buenos estudiantes, algunos ni fueron a la escuela, creo que me equivoqué al escoger los libros.

Entonces mi padre hizo algo totalmente inesperado, se puso a reír y a llorar a la vez. Las lágrimas surcaban sus mejillas sin cesar.

— ¿Papá? – dije sorprendido de que se pudiera hacer ambas cosas a la vez.

— Sí, hijo – este se limpió los pómulos.

— ¿No estás enfadado?

— Claro que no, has comprendido que esos 3 hombres no fueron buenos estudiantes, ¿pero se hicieron millonarios? – asentí algo anonadado. – Lo cual quiere decir que tus notas no decretan quien serás de mayor, sino tus sueños – este se arrodilló para estar a mi altura. – Si lo que deseas ser es millonario de mayor, Porthos, no dejes que nadie te diga lo contrario.

Sonreí pues era parecida a una de las frases de Chris Gardner. Solo que viniendo de tu propio padre todo adquiere un sentido más real.

— De acuerdo.

Desde aquel momento dije a todo el mundo, que me hacía la gran pregunta "¿Qué quieres ser de mayor?", la respuesta verdadera: Millonario.

Aprendizaje del Tercer Regalo:

"Lo cual quiere decir que tus notas no decretan quien serás de mayor, sino tus sueños."

El cuarto regalo de papá

*Ten cuidado a quien pides consejos. Yo recibo consejos de personas
que están donde quiero llegar.*
— Robert Kiyosaki.

Jose Gordo y Jacqueline M.Q.

Jose Gordo y Jacqueline M.Q.

La primera vez que vi un Ferrari tenía 9 años. Jamás olvidaré el fuerte ronroneo, que me acariciaba la espalda al caminar por las calles de Marbella, un lugar que había enamorado a mi padre.

Era como estar en la alfombra roja de los coches más lujosos del mundo. Maserati, Lamborghini, Bugatti…me enamoraba y me volvía a enamorar con cada nuevo deportivo que veía. No sabía cuál era mi favorito.

— ¿Y dónde viven? – preguntó mi madre a papá. Este llevaba unas gafas de sol de un señor llamado Ray, un vaquero de otro llamado Tommy y unas deportivas de Nike blancas.

— En una urbanización, cerca de algunos famosos toreros de España.

Arrugué la nariz, yo no quería ver a ningún torero, quería tomar una silla, sentarme en medio de la calle y ver circular coche tras coche.

— Porthos, ¿qué te parece ese Mustang? – Un precioso caballo brillante sobre pintura azul parecía sonreírme con sus dientes plateados.

— Me encanta – mi padre rió y posó su mano sobre mi hombro.

Tras aquel desfile de coches y tiendas, que a mamá parecían enamorarla como a mí los autos, fuimos a casa de los amigos de papá. Eran conocidos del negocio, socios, no compañeros, algo bastante inusual en el vocabulario respecto al trabajo para mí, hasta aquel momento.

Mi padre aparcó el nuevo Mercedes negro frente a la casa, estaba realmente orgulloso de su nuevo coche. "Dos años sin cambiarlo, trabajando duro y ahora me lo regalo". Solía decir mientras acariciaba con una mano el volante y con la otra tomaba la mano de mamá.

— ¡Tobías! – un hombre bastante alto, de cabello rubio y ojos azules abrió la puerta. Llevaba una camisa blanca junto a un pantalón del mismo color. Este sonrió placenteramente al ver a mi padre, luego besó a mi madre.

— Tú debes ser Porthos – dijo con un acento extraño a lo que yo asentí. – Bienvenidos, pasen.

Mi padre y mi madre se tomaron de la mano y yo les seguí. Entonces una sala de recepción con columnas blancas, como los que había visto en clase de Historia sobre los griegos, nos dio la bienvenida. Mi boca se abrió ante el enorme techo.

— Es una casa preciosa – dijo mi madre tan sorprendida como yo.

— Mi mujer contrató al mejor decorador – y como si esta le oyera, apareció una mujer de piel morena como el cacao. Unos ojos verdes como los pistachos y un cabello corto y liso. – Helena, te presento a Jefferson, Melody y a su hijo, el cual leyó la biografía de Steve Jobs a los

8 años, Porthos – las palabras de Tobías me despistaron, ¿papá se lo había contado? ¿Se habría puesto él a reír y llorar a la vez?

— Eres un niño muy guapo – dijo esta dándome dos besos en la mejilla.

— Gracias – respondí sonrojándome un poco.

— Vamos a la terraza a comer algo.

Cruzamos aquel enorme salón blanco con sofás de cojines enormes para ir afuera, donde una piscina llamó mi atención en seguida, había un hombre limpiando las hojas.

— Frank, di a Jennifer que traiga las bebidas y la Macedonia – al principio no entendí que era aquel hombre, luego mamá me explicó que trabajaban en la casa, para que los dueños tuvieran más tiempo para estar juntos y no hacer cosas como cocinar.

El hombre llamado Frank asintió y fue por detrás de la casa.

— ¿Os gusta Marbella? – preguntó Helena mientras se sentaba en un sofá de mimbre, con grandes almohadas de color turquesa, mis padres se sentaron en el de enfrente y yo en uno pequeño, presidiendo el lugar.

— Sí, nunca había visto una tienda de Carolina Herrera.

— Es muy bonita, aunque prefiero Dolce & Gabbana – ambas se rieron como si fueran amigas de toda la vida.

— ¿Y a ti Porthos? ¿Te gustaría vivir aquí? – me encogí de hombros sin saber que decir.

— ¿Es caro vivir aquí? – mi pregunta silenció el momento.

— Vaya, eres un niño inteligente, pero que no hace las preguntas correctas – dijo Tobías mientras encendía un puro.

— Aún le queda mucho por aprender – mi padre de nuevo tenía al leopardo calmado.

— ¿Cual crees que sería la pregunta correcta? – me encogí de hombros.

— No lo sé.

— Mmmmm…veamos – Tobías chupó su puro y luego soltó el humo, un olor parecido a las pasas llegó a mis fosas nasales. – Si quisieras subir en un Ferrari y dar una vuelta, ¿qué preguntarías?

— ¿Cuánto cuesta? – este me señaló con el dedo y puro incluido.

— Lo preguntas porque te interesa subir a un Ferrari, ¿lo quieres? – asentí emocionado. – Sabes Porthos, hay cosas que no son para todo el mundo, por ejemplo, el lujo.   Si de verdad quisieras vivir aquí, habrías hecho la misma pregunta y yo te habría dado un número, entonces tendrías un objetivo claro en tu mente e irías a por ello.

Asentí.

— Disculpen – interrumpió una chica vestida de uniforme azul y blanco, llevaba una bandeja con Macedonia de fruta y un cuenco de M&M'S, junto a unas limonadas.

— Gracias Jennifer – esta dejó la bandeja en la mesa y los dulces de colores.

— Adelante – cada uno tomó un cuenco blanco con la fruta en su interior, Helena me dio los dulces a mí, feliz los acepté.

— Entonces, Porthos – dijo de nuevo Tobías llamando mi atención. – Si sabes lo que deseas y luchas para conseguirlo, podrás tenerlo. Nunca debes decir que algo es demasiado caro, porque entonces te aseguro que siempre lo será para ti. Todo lo que deseas está a tu alcance.

Sonreí de oreja a oreja. Quería aquel Ferrari blanco que había visto aparcado frente al puerto.

Los adultos siguieron hablando y yo no hacía otra cosa que imaginarme subido en un flamante Ferrari, cuando entonces llegó la hora de irse.

— Gracias por venir, espero que pronto seamos vecinos – dijo Tobías dando la mano a mi padre y luego a mí, aquello me hizo sentir hombre.

— Claro que sí – y nos fuimos, nos alejamos del lujo para ir a nuestra casa medianamente lujosa.

— Papá – este conducía por la autopista.

— Dime – me mordí el labio, quería hacer la pregunta correctamente.

— ¿Por qué para mis amigos del cole soy rico, pero para tus amigos no lo somos? – repetí la cuestión a mi mente, no sabía si tenía mucho sentido.

— Es porque tú te rodeas de personas pobres.

¿Insultaba a mis amigos?

— ¿Y qué? – pregunté un poco ofendido.

— Si te rodeas de personas pobres, estos te darán consejos de pobres, si te rodeas de ricos estos te darán consejos que te hagan más rico.

— Entiendo, es como si me hiciera amigo del chico más guay del cole, el me enseñaría también.

— Exacto.

Al llegar a casa corrí de inmediato al teléfono, eran las 8:23pm, tomé la agenda que mamá siempre tenía de las madres de mis compañeros y tecleé un número.

— ¿Sí? – tragué saliva.

— Hola, ¿está Jordan?

— Sí, un momento – los segundos se me hicieron interminables.

— Hola – una voz clara sonó detrás, podía verle 5 centímetros más alto que yo, con sus deportivas nuevas, las que tanto me gustaban. – ¿Quién eres?

— Soy Porthos… – mi padre me estaba mirando desde la cocina, este sacó pecho y yo le imité. – Me gustaría saber si quieres ir mañana al cine a ver la nueva de Transformers.

Silencio. ¿Y si el lunes le decía a todo el mundo que le había llamado?

— Claro, ¿a las 7?

— Ok.

— Vale, adiós Porthos – colgué el teléfono, sentía el corazón en mi boca. Siempre había temido ser amigo de aquel chico, creía que no era lo suficientemente guay, pero tras aquella tarde entendí que podía ser y tener todo lo que deseara.

— ¿Quién era? – preguntó mi padre curioso.

— El chico más guay de mi colegio.

Aprendizaje del Cuarto Regalo: "Si te rodeas de personas pobres, estos te darán consejos de pobres, si te rodeas de ricos estos te darán consejos que te hagan más rico."

El Quinto regalo de papá

*Si tus acciones inspiran a otros a soñar más, aprender más, hacer
más y a ser mejores; eres un líder.*
— *Jack Welch.*

Jose Gordo y Jacqueline M.Q.

Jose Gordo y Jacqueline M.Q.

Una corbata de color azul marino, un traje negro, el cabello que solía estar liso sobre mi frente ahora estaba engominado hacía atrás. Mamá con el cabello negro rizado, los labios rojo carmesí y un vestido negro. Papá vestía una chaqueta negra brillante, una corbata morada y una camisa negra con botones plateados. Un pantalón negro y unos zapatos de punta de los más llamativos por su color oscuro brillante.

— ¿Estás nervioso? – le preguntó mi madre.

— No – le besó en la mejilla, supuse para no mancharse de carmín.

— ¡Es un placer para nosotros! – Reconocí la voz de Tobías a través del micrófono. Yo y mis padres estábamos tras el escenario, esperando a que dijeran el nombre de papá. – ¡Presentarles al nuevo millonario de Network Marketing, Jefferson Gispert y su hermosa familia! – Los gritos comenzaron. "Millonario".

La palabra resaltó en mi mente cuando mi madre tiró de mí y vi que comenzaban a caminar. Unas cortinas negras frente a nosotros se abrieron y miles de luces parpadearon, veía personas eufóricas, saltando y gritando un nombre, el de mi padre.

Casi no pude moverme, me quedé detrás de mi madre, fingiendo tener menos de los 10 años que tenía en aquel momento. Quise decirle que nos fuéramos, que me daba mucha vergüenza estar frente a tantas personas, cuando entonces mi padre tomó el micrófono.

— Quiero dar las gracias a mi esposa Melody y a mi hijo Porthos – todos aplaudieron y mi padre besó a mi madre de nuevo en la mejilla, luego se arrodilló ante mí, con el traje que decía haberle costado más de mil euros y me abrazó. – Te quiero, hijo.

Las personas se volvieron locas de emoción y yo me quedé totalmente ensimismado, creía que cuando alguien se hacía millonario solo salir en revistas o televisión, no que diera un discurso.

— Vamos – me susurró mi madre para que bajáramos del escenario y nos sentaremos en primera fila, al lado de la esposa de Tobías, Helena, y varias personas más que vestían como si aquello fuera la Gala de los Oscars.

— Hace 4 años entré en casa con libros de Robert Kiyosaki bajo el brazo – la imagen vino a mi cabeza de inmediato – mi hijo, Porthos me preguntó que estaba leyendo y yo le hablé por primera vez de la Libertad Financiera – su voz era diferente, dulce, melódica, comenzó a llenarme un hueco que no sabía que existía dentro de mí – desde aquel momento supe que deseaba tener otra vida, ser dueño de negocio y tras trabajar duro me encuentro aquí, con la Libertad en mis manos y ofreciéndole a mi familia lo que le prometí. Porthos empezará el año que viene su primer curso en uno de los mejores colegios del país, mi esposa podrá tener su propia línea de ropa y yo seguiré en este negocio, porque amo el Network Marketing y siempre le estaré agradecido por hacer realidad mis sueños.

En aquel momento pasó algo extraordinario, fue como si mi padre creciera, como si una luz le iluminara, sentí el impulso de levantarme con los demás y aplaudir como si fuera un hombre desconocido, pero que acababa de darme la energía suficiente para dar un paso más.

Y así sucedió, aplaudí y grité a todo pulmón. Mi padre al bajar del escenario abrazó a mi madre y yo me uní a ellos. Sentía nuestra unión, el amor, el triunfo, éramos una piña.

Tras aquel discurso de mi padre, más personas subieron al escenario Sentí con cada uno cosas diferentes. Algunos me emocionaban, otros me hacían querer tomar notas, apuntar frases como "Nunca te rindas", "No des el 100%, sino el 1000 x 1000" o "Cuanto más lo visualices, más fácil será lograrlo". ¿De dónde habían salido aquellas personas? No leían lo que decían, no parecían memorizar nada, eran tan diferentes a mis profesores aburridos. Ellos me hacían reír con sus chistes, llorar con sus historias y me alimentaban de energía. ¿Quiénes eran?

Fue lo primero que pregunté a mi padre al terminar aquella reunión de negocios, que difería muchísimo de lo que había imaginado desde un principio.

— Papá – estábamos en el ascensor e íbamos directos a la cena. – ¿Quiénes eran esas personas que subían al escenario? – Este me miró con una sonrisa.

— Son líderes – la palabra se introdujo en mi cabeza.

— ¿Y son importantes?

— Sí, de hecho, esas personas que gritaban, ¿por qué crees que lo hacían?

— Porque estaban felices… – respondí algo dudoso.

— En parte sí, pero también porque quieren ser millonarios – al ver que no lo comprendía del todo paró el ascensor.

— ¡Jefferson! – dijo mi madre tras la sacudida.

— Es importante que entienda lo que le quiero decir – mi madre se abanicó con su bolso y yo presté atención a mi padre. – Esas personas cuentan sus historias para demostrar que a pesar de lo mal que lo han pasado han podido lograrlo. Eso significa que no importa tu situación, si lo deseas lo conseguirás.

— ¿Y porque lo hacen? Ya son millonarios…¿no están contando sus secretos?

— Porque esos líderes también tuvieron otros líderes que les inspiraron.

— ¿Quién es tu líder? – papá le dio de nuevo al botón de Stop y el ascensor continuó su trayecto.

— Tobías, él fue quien me dio los libros de Kiyosaki – aquello añadía un nuevo escenario a mi mente.

— Eso significa que tú eres el mío – mi padre sonrió y asintió. En cuanto el ascensor paró y se abrió corrí por la sala.

— Porthos, no corras – pero la voz de mi madre se perdió, tenía una misión de búsqueda y captura.

Miré cada cogote hasta encontrar uno verdaderamente rubio conversando con más personas. Era Tobías, le tiré de su chaqueta negra y este se giró, al ver que no había nadie de su altura frente a él miró hacia abajo. Los demás me observaron, pero yo me centré solo en aquel hombre.

— Porthos, ¿qué tal estás, amigo? ¿Te gustó el evento? – asentí rápido para poder ir al grano.

— Quería darle las gracias – en aquel momento mis padres llegaron.

— ¿Las gracias por qué? – preguntó con una sonrisa.

— Gracias a usted mi padre dejó de llegar triste a casa y gracias a usted mamá ya no se enfada – el hombre se quedó paralizado ante mis palabras. – Es usted un gran líder – solté, aunque no tenía muy claro las cualidades.

— Gracias Porthos – dijo este tomando mi mano. Luego miró a mis padres – es un niño muy especial.

Mi madre se arrodilló frente a mí.

— Hijo… – las lágrimas surcaban las mejillas de mamá – eres un gran líder.

— No…mami, solo te he hecho llorar a ti – esta negó la cabeza.

— Mira – y me giró, entonces los vi, unas treinta personas me miraban, con los pómulos brillantes de lágrimas. Pero al único que me importaba inspirar comenzó a aplaudir, mi padre. Los demás le imitaron, pero yo solo veía que acababa de inspirar a mi propio líder.

Aprendizaje del Quinto Regalo: "Esas personas cuentan sus historias para demostrar que a pesar de lo mal que lo han pasado han podido lograrlo. Eso significa que no importa tu situación, si lo deseas lo conseguirás."

El Sexto regalo de papá

El adquirir conocimientos es la mejor inversión que se puede hacer.
— Abraham Lincoln.

Jose Gordo y Jacqueline M.Q.

Jose Gordo y Jacqueline M.Q.

Si tu padre es millonario y además resulta ser tu cumpleaños, toda clase de imágenes aparecen en tu cabeza. Tenía 11 años y había pasado mi gran día con algunos amigos de mi nuevo colegio. Papá y mamá querían celebrarlo conmigo a solas, así que esperé impaciente a que mi padre llegara de un evento de Barcelona.

— ¿Estás listo Porthos? – asentí. Me había vestido con una camisa de cuadros y unos vaqueros que papá me compró para la ocasión. Mis primeras deportivas Armani estaban sobre mis pies y me hacían sentir más alto, más importante.

Piiii, Piiii.

El sonido único del Mercedes hizo que mamá y yo sonriéramos. Salimos de la casa y lo vimos con sus gafas de sol, sonriendo de oreja a oreja.

— Deja que se siente delante. ¡Hoy es su gran día!

Mi madre me cedió su lugar sin rechistar y mi padre me tomó la mano en seguida.

— Once años Porthos, pronto podrás comenzar tu propio negocio.

— ¡Es algo que estoy deseando!

Este arrancó dirección a mi restaurante favorito, el Hard Rock Café. Me gustaba por dos razones, que estaba conectado a lo que empezaba a apasionarme, la música y que servían las mejores costillas a la barbacoa del mundo, por lo menos de las que yo había probado en mi corta vida.

Al llegar al restaurante mi padre nos dejó un momento en la entrada.

— Esperad aquí, ahora vuelvo – fue a buscar a un chico de unos 30 años que llevaba un micro en la oreja. Mi padre pareció preguntarle algo y este asintió, luego volvió con nosotros. – Vamos – dijo posando su mano en la espalda de mi madre. Fui directo a nuestra mesa de siempre cuando mi padre me tomó del brazo. – Hay un sitio mejor.

¡Y así era!

Una mesa algo retirada bajo el increíble traje rojo que Michael Jackson solía usar en sus conciertos.

— Feliz cumpleaños Porthos – dijo el chico que había hablado con mi padre, este llevaba un paquete de color azul con un lazo plateado en sus manos.

— Gracias – dije tomándolo. Me senté con el presente en mi regazo. Papá y mamá me imitaron.

— En breve traerán el almuerzo.

Sonreí con las mejillas doloridas ante tanta felicidad.

— ¿Es hora de dar los regalos? – Preguntó mi madre sacando una especie de estuche negro con un lazo rojo. – Felicidades hijo.

— Gracias mamá – le di un beso en la mejilla mientras tomaba aquel estuche. Miré a papá y este sacó una bolsa de su maletín.

— No me dio tiempo envolverlo.

Me encogí de hombros mientras lo dejaba frente a mí.

— Adelante – asentí y abrí el primero que me habían dado. Rompí el papel con la emoción palpitante en mis oídos. Cuando entonces lo descubrí, una caja de madera con un cristal que dejaba ver lo más hermoso del mundo de la música, una imitación del guante de Michael Jackson. Blanco, con perlas plateadas en la palma, toqué la cámara que me separaba de él y una lágrima resbaló.

— Muchas gracias – sabía que era de ambos.

— Ahora el mío – dijo mi madre tomando la reliquia de mi cantante favorito. Tiré del lazo de su regalo y luego abrí el estuche, unos auriculares de Beats negros, con líneas rojas me saludaban, eran perfectos para comenzar a crear mi propia música.

— Waoooo, mamá, que pasada, gracias – la abracé con fuerza y luego le besé la mejilla.

— Vaya, tengo mucha competencia – dijo mi padre riendo. Yo sabía que él debía de haberse superado, seguro que aquella bolsa me llevaba a un regalo mayor. – Adelante, mira lo que es.

Asentí y la tomé a la vez que dejaba los auriculares en la mesa. Entonces metí la mano y palpé algo suave, que parecía separarse. Lo cogí con decisión y mi cara iluminada se apagó al momento de ver lo que era. Un libro. De tapa roja, con un sombrero negro al estilo inglés. Leí el título: "Piense y Hágase Rico" de un tal Napoleón Hill.

— Porthos – miré a mi padre algo aturdido, confuso porque solo se había gastado unos 10 euros en aquel regalo, me parecía un insulto a lo que yo merecía. ¡Qué incrédulo era con tan solo 11 años! – Ese libro te cambiará la vida, hará que consigas todo lo que te propones, la música, tu propio negocio, comprarte un Ferrari…te dará las claves para conseguirlo.

— Sí… – no sabía cómo decirle que esperaba algo más caro de él.

— Hijo, ¿qué pasa? – al ver que mi madre se apagaba como yo, negué la cabeza.

— Gracias papá – lo dejé a un lado y probé el regalo de mamá. Durante la cena intenté disfrutar de las costillas, de las patatas con salsa de ajo y de la tarta de chocolate.   Pero al concluir aquel día solo sentí una gran decepción. La persona que más me importaba, el regalo que más me ilusionaba no era más que un libro…algo que papá solía regalarme casi cada mes, me gustaba leer todo lo que él me recomendaba, pero había puesto demasiada fe en aquel día. Tanto que había estado presumiendo con mis amigos de que el mejor regalo iba a ser el de mi padre.

Mi propia voz se metió en mi cabeza, de camino a casa hasta llegar a mi habitación, donde el terror se convirtió en palabras.

"Puede que me regale ya el Ferrari o un viaje a las Vegas, me gustaría ver America". Y mis amigos se quedaban tan sorprendidos que el orgullo se me hinchaba cada vez más. ¿Qué les iba a decir el lunes? La vergüenza me ardía por dentro.

— ¿Porthos? – la voz de mi padre hizo que pusiera el libro sobre la mesa de inmediato junto a los demás regalos.

— Sí – este entró y al verme supe por su expresión, que mi cara no era de felicidad.

— ¿Puedo sentarme? – Asentí, este tomo asiento en mi cama. – He notado que no te ha emocionado el libro que te he regalado.

— Creí… – me mordí el labio dudoso de si debía decirle la verdad.

— Habla hijo, ten coraje – su liderazgo comenzó a salir a la luz.

— Creí que ibas a regalarme algo más importante, más caro.

Sus ojos expresaron sorpresa.

— ¿Más caro? ¿Cuánto crees que vale ese libro? – me encogí de hombros.

— Unos diez euros.

— Ocho, ya que es de bolsillo – resoplé, era aún más barato de lo que pensaba. – Me sorprende que des tanto valor a lo que cuesta algo, lo que importa es la intención de un regalo.

— Sí, eso dicen los pobres.

— Porthos, ese libro ha creado a grandes millonarios, de hecho, habla de las personas más ricas del mundo y como consiguieron hacerse ricos, ¿no crees que es un regalo con un gran valor? Miré el libro con nuevos ojos.

— Pero, podrías haberme regalado otra cosa por mi cumpleaños, ya que me regalas libros cada mes. – Mi padre sonrió con tristeza.

— Deseaba que comenzaras esta nueva edad aprendiendo de los ricos – y se levantó. – Puedo devolverlo y darte dinero para que te compres lo que quieras.

No respondí, pero este entendió por mi silencio que era exactamente lo que quería. Así que dejó 300€ en la mesa.

— Devuélvelo mañana.

Asentí mirando los billetes verdes.

A la mañana siguiente tomé el dinero, el libro, mis nuevos auriculares y salí de casa. Quería ir al centro comercial para comprarme un nuevo Patinete eléctrico, que había visto y que iba a pedir por Navidad, pero al tener aquellos tres billetes de color espinaca en mi bolsillo, decidí adelantarme.

Tomé el autobús y me puse algo de música, entonces sentí el libro golpeándome la pantorrilla, como si intentara decirme algo. Lo saqué y lo abrí por la primera página, no me había dado cuenta de que papá había escrito en ella.

"No podré devolverlo", fue la frase que acudió a mi mente. Resoplé y leí.

Querido Porthos, hoy cumples 11 años. A tu edad yo ya tenía mi primer trabajo para así sostener a mi madre y a mis hermanas. Por suerte tú puedes ser un niño, jugar, divertirte y no preocuparte por que tu mamá coma menos que tú. A pesar de la vida que tienes deseo que construyas la tuya propia, que esos sueños que tienes de ser Millonario se hagan realidad, por eso te regalo este libro, el cual he leído un par de veces y que me gustaría que tu tuvieras una copia como la mía. Me gustaría que encontraras la forma de obtener todo lo que quieras a través de las historias que aquí se muestran y también que a los 11 años comiences a comprender que nunca se sabe lo suficiente, llenarte la cabeza de frases positivas, de biografías e ideas es el mejor regalo que puedo hacerte.

Te regalo Piense y Hágase Rico.
Te regalo tu futuro.

Me sentí realmente mal por no haber apreciado aquel regalo, por no abrir la primera página.

Con aquellas palabras de mi padre rondando por mi cabeza decidí que aquel dinero iba a guardarlo para el futuro, para mi propio negocio. Pero cuando llegué a casa no le dije nada a papá sobre el libro, solo que la tienda estaba cerrada y no pude comprarme el patinete. Me dejó quedarme con el dinero y nunca lo reclamó. Pero si hubiera entrado por las noches, cuando se suponía que dormía, hubiera visto a su hijo con los billetes plastificados a modo de separador dentro del libro, que le había regalado para hacerse rico.

Aprendizaje del Sexto Regalo: "Nunca se sabe lo suficiente, llenarte la cabeza de frases positivas, de biografías e ideas es el mejor regalo que puedo hacerte."

EL SÉPTIMO REGALO DE PAPÁ

Un hombre que no pasa tiempo con su familia no puede ser hombre de verdad.
— Vito Corleone (El Padrino).

Jose Gordo y Jacqueline M.Q.

Mamá repartió de nuevo las fichas de nuestros empleos y los billetes de colores. Era la tercera vez que intentábamos jugar al Cash Flow, el juego que papá había comprado entusiasmado de Kiyosaki, para que pudiera educarnos en familia a la vez que nos divertíamos.   O al menos así fue como nos lo vendió, pero aun no habíamos jugado juntos.

— Jeff, ¿vienes? – preguntó mi madre algo desesperada. Había preparado hamburguesas caseras, comprado una botella de vino y patatas fritas con sabor a queso de cabra. Iba a ser la noche en familia, pero papá seguía sin salir de su despacho.

— ¿Qué? – preguntó mi padre con el típico tono de que andaba con la mente en otro lugar.

— Estamos esperándote para jugar al Cash Flow, no podemos empezar sin ti.

— Ah, sí, sí, empezad sin mí – fue como si no hubiera oído nada. Mi madre resopló y se levantó en seguida del asiento.

— Mamá… – quise decirle que seguramente estaba con asuntos del negocio, pero ella alzó su mano para que callara. Fue directa al despacho y yo me quedé en silencio en el salón.

El sonido de la puerta al abrirse me hizo permanecer atento, sabía que mamá no había entrado por que sus pies no avanzaron.

—Jefferson, ¿qué haces? – Lo preguntó serena.

— Estoy preparando algunas promociones para el equipo, muchos han calificado este mes a nuevos rangos y se merecen un premio.

Sonreí, papá siempre recompensaba a aquellos que hacían un buen trabajo.

— ¿Tu hijo y yo estamos incluidos en esas promociones?—La flecha de sarcasmo de mi madre fue lanzada.

— Claro cariño, la última vez fuimos juntos a las Islas Griegas con los demás miembros del equipo.

— Sí, pero me refería a si hay alguna promoción para los tres juntos.

Papá raras veces gritaba a mamá, solo en casos extremistas en los que ella también le gritaba, pero por lo que sabía de mis compañeros, era algo normal entre adultos.

— ¿Por qué iba a haceros una promoción? Siempre estáis conmigo… – el tono de papá me hizo desear salvarle, sabía lo que era que mamá irrumpiera en tu habitación, para decirte, que habías dejado la chaqueta sucia en la lavadora y había manchado la ropa ya limpia. No importaba la buena intención, sino hacer lo que ella estaba pensando.

— Porque yo cocino para ti, lavo tu ropa, me encargo que el jardinero cobre, que tu hijo coma saludablemente, llevo las cuentas del negocio, tengo mi propia línea de ropa, soy la responsable de que no gastes más del 20% del negocio en viajes y además pago todas las facturas a tiempo. Tu hijo te motiva, te idolatra, te da un beso de buenas noches, saca buenas notas, no te contesta y lee cada libro que le regalas.

"Excepto uno". Pensé sintiéndome culpable por no haberle agradecido nunca Piense y Hágase Rico.

— ¿Qué quieres decirme con todo eso? Soy consciente de lo que hacéis, por eso trabajo, para daros una mejor vida.

— Sí Jefferson, una vida que queremos compartir contigo, cariño — dijo mamá con un tono que intentaba suavizar la tensión del momento. – Llevas tres días prometiéndonos que vamos a jugar al Cash Flow, pero en vez de ello te metes en el despacho y preparas premios para personas que no son tu familia, cuando la tuya está a unos pasos de ti a la espera de poder tener tiempo contigo. Porque Jefferson, al final lo que estamos comprando no es dinero y cosas, sino tiempo.   Y yo quiero pasarlo con mi marido y mi hijo.

Entonces mamá volvió al salón, pude ver como estaba enrojecida a causa del esfuerzo que debía de haber hecho por no llorar…papá apareció detrás y la tomó del brazo, tiró de ella y la abrazó.

— Gracias, gracias por recordarme por que quise tener mi propio Negocio – y la besó, retiré la mirada para darles un poco de intimidad y esperar que se sentaran a mis lados.   Ambos lo hicieron. – Hola hijo – me saludó mi padre posando su mano en mi hombro. – Ok, veamos que empleo tengo en la Carrera de la Rata…¡conserje!

— Ha sido el azar – dijo mi madre riendo.

Aquella tarde transcurrió entre crujidos de patatas fritas, choques de copas, la mía llena de zumo de uva, y elogios a la hamburguesa deliciosa de mamá.

En un momento de la partida miré a ambos, riéndose, felices por el tiempo que compartíamos juntos.

— Me gustaría tener una familia como la nuestra cuando sea mayor – se me escapó, estaba tan absorto en la felicidad que sentía en mi interior, que las palabras salieron solas.

— Seguro que la tendrás – dijo mi madre dándome un beso en la mejilla.

— ¿Creéis…? – a la edad de 12 años las preguntas comenzaban a ser más claras en mi mente – ¿Creéis que debería hacerme millonario primero o después? He visto muchas películas y leído Biografías donde las mujeres suelen ir solo por el dinero, como le pasó a Chaplin.

— Bueno, tu padre y yo hemos estado juntos en los momentos difíciles.

— Y seguimos en los hermosos.

— Lo mejor es – dijo mi madre acariciándome el cabello – dejarte llevar cuando llegue el momento, seas rico o no. Todo llega a su tiempo. – Mamá siempre había sido la más romántica de ambos, la parte sensible, eso me gustaba de ella. Papá me daba la inspiración, la motivación suficiente para exigirme más a mí mismo, pero mi madre me otorgaba la sensibilidad.

Asentí a mi madre y tiré el dado. Mi ficha, la naranja, cayó en una de las tarjetas de color morado y leí en voz alta.

— Acabas de casarte y recibes como regalo de boda 3.000$ – mis padres rieron al ver como el juego parecía ser parte de nuestra conversación.

Aquel día fue maravilloso, acabamos terminando las hamburguesas y dejando el juego a medias, se necesitaba más de un día para salir de la carrera de las ratas. Tal vez 3 años, como a mi padre.

Ya en la cama y con un beso a papá de buenas noches, esperé sentado a que mamá fuera a apagar la luz del pasillo, al verla la llamé. Esta apareció en seguida, como toda madre protectora.

— Quería hablar contigo de algo – asintió y se sentó en el costado de mi cama. – Una vez hablaste de un libro sobre…sobre el amor, los diez…no recuerdo demasiado bien el título.

— Los 10 Secretos del Amor Abundante.

— Sí.

Mi madre suspiró y alzó la vista.

— Los leí con 15 años, quería un hombre diferente al de todos, alguien que quisiera algo más de la vida.

— Y apareció papá.

— Así es, él estaba despierto, deseaba trabajar en algo que le apasionara, no solo pagar las deudas, amaba mi arte en el diseño y sobre todo deseaba tener una vida diferente a los que sus padres habían querido para él.

— ¿Qué habían querido?

— Bueno – esta tocó mi sabana mientras pensaba en la respuesta – lo que queríamos antes para ti, que estudiaras y trabajaras.

— ¿Y ahora qué queréis?

— Que te dediques a lo que más te gusta, te apoyaremos siempre hijo.

— Gracias mamá, ¿y en cuanto al libro?

— Ah sí, ¿qué te parece si lo leemos juntos? – Asentí entusiasmado. – Perfecto, me irá bien recordar algunos puntos – dijo seguido de una risita. – Buenas noches, cielo – y me besó en la frente.

Al irse encendí mi teléfono y leí un par de frases que había marcado en Piense y Hagas Rico, lo cual repetía cada noche desde que papá me lo había regalado. No sé muy bien porqué siempre lo mantuve en secreto, mi amor por aquel libro, tal vez por que fuera mi talón de Aquiles, me daba vergüenza admitir que a veces le daba valor a algo por su precio. Por ello tras aquella tarde me di cuenta de que mi mente dibujaba a una chica rica y con éxito. Pero al ver a mis padres juntos, deseé tener a alguien con quien crecer en el camino, de ahí a que le pidiera el libro a mi madre.

Lo leímos durante diez días, un secreto por noche.

Aprendizaje del Séptimo Regalo: "Al final lo que estamos comprando no es dinero y cosas, sino tiempo."

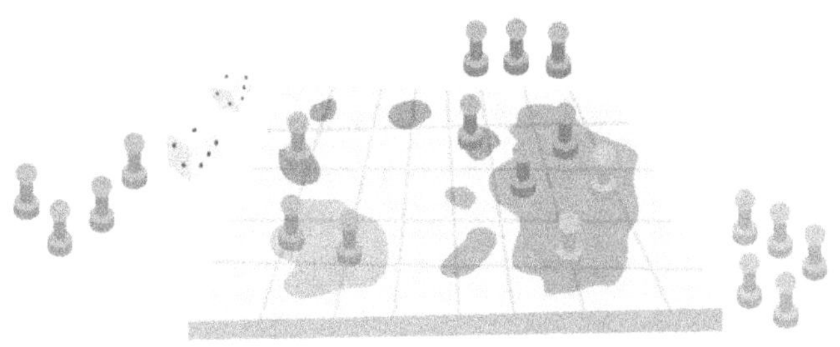

El Octavo regalo de papá

Si tienes un sueño en tu corazón, y de verdad crees en él, corres el riesgo de que se convierta en realidad.
— Walt Disney.

Jose Gordo y Jacqueline M.Q.

Jose Gordo y Jacqueline M.Q.

— Yo no sé que decirle, Jefferson, ha aparecido así en casa y la única respuesta que me ha dado es que Eminem también lo lleva así. Escucha a ese rapero y no quieres que piense que se droga.

— Es Porthos, Melody, ten más confianza en él. Si te ha dicho que no…

— Ese es el problema, no me ha negado nada.

— Ni confirmado…

Di al play y dejé que la música me transportará a otro lugar. Comenzaba mis 13 años y las emociones eran cada vez más intensas en mí, desde la alegría a la tristeza absoluta.	Pasar tiempo con mi familia no me era tan satisfactorio como antes, quería tener aquello a lo que mis amigos llamaban espacio.

Mi padre salió de la casa sin mirarme, me quité un auricular.

— ¡Eh! ¿Puedes llevarme a la ciudad? He quedado con unos amigos.

Mi padre se detuvo, sabía que me estaba mirando el pelo rapado al estilo militar, como él lo tenía casi siempre.

— ¿Por qué no vas en autobús?

— Es más guay ir en tu nuevo Porsche descapotable – lo había comprado para mamá y a veces lo usaba él.

Mi padre hizo un movimiento con la mano para que subiera.

— ¿No vas a ir a cambiarte? – Me preguntó señalando mi sudadera blanca más grande que yo y mis vaqueros rotos.

— No, esto es lo que me gusta llevar ahora.

— Ok, sube – hice caso y me puse el otro casco. Papá arrancó el coche, creí que iba a dejar la conversación acabada, pero entonces tiró de mis cascos blancos con líneas azules.

— Te estoy hablando, Porthos.	— Lo siento – dije parando la música. – ¿Qué quieres?

— ¿Desde cuando hablas y te vistes de esa manera?	Son esos nuevos amigos, ¿verdad?

A mis padres no les agradaba mis amigos, a los padres de mis amigos no les agradaba yo…todos estábamos metidos en el mismo saco.

— No lo sé – respondí con mi comodín desde hacía un tiempo.

— Tu madre está muy preocupada…

— No me drogo papá, si eso es lo que preguntas.

— ¿Y por qué no le respondes a tu madre cuando te lo pregunta?

— Porque me ofende que me pregunte algo así – y ahí venía, las emociones fuertes que me hacían querer llorar y dar golpes a todo cuanto había cerca de mí.

— Entiendo por lo que estás pasando hijo.

— ¿Ah sí? – sarcasmo era mi otra ficha.

— Sí, ¿pero sabes lo que me salvó de las drogas y de amigos que no saben que hacer con sus vidas?

— No, papá, ilumíname – sentía como estaba jugando con fuego, podía notar la llama en mis pómulos.

— Soñar.

Realmente no me esperaba esa respuesta.

— No vayas hoy con tus amigos, ven conmigo.

— ¿A dónde? – pregunté a punto de escribir en mi grupo de colegas, aquellos que acababa de conocer en el nuevo colegio de Marbella, donde nos habíamos mudado hacía un año.

— Es una sorpresa – escribí "Tíos, me han castigado" y envié.

Papá condujo hasta el puerto, detuvo el coche y se bajó. Yo salí arrastrando un poco los pies, me había dado cuenta que mis amigos se reían cuando lo hacía, por lo que lo había tomado como costumbre.

— ¿Papá qué hacemos aquí? – este alzó el dedo anular a la vez que tomaba una llamada telefónica.

— Sí, estoy aquí – y colgó con una sonrisa.

Entonces un hombre apareció, alto, con el cabello canoso y una camiseta blanca con líneas azules. Iba vestido de marinero, pero con Lacoste.

— Seriozha, te presento a mi hijo Porthos – el hombre no me miró, solo me dio la mano.

— Encantado – noté su acento ruso.

— ¿Vamos? – Preguntó mi padre y este asintió. Entonces yo me quedé quieto. – ¿Porthos? – negué la cabeza.

— Dame dinero, iré a pillarme unas nuevas zapatillas mientras hablas de negocios.

Seriozha rió escandalosamente.

— Mejor te espero en el Yate.

— Sí, ahora vamos – mi padre se quitó las gafas de sol dejándome ver el mismo color de ojos que yo poseía. – Te prometo que al final del día encontraras tu sueño.

Miré hacia otro lado, donde unos chicos jóvenes reían mientras chocaban copas de Lambrusco. Quería saltarme aquella edad y poder hacer aquello con mi propia botella y barco.

— Ok – este me dio unas palmadas y caminó conmigo siguiéndole por las tablas.

Los barcos se aglutinaban a ambos lados, unos lujosos, otros pequeños, todos blancos y plateados, con nombres en inglés, en español, en ruso y hasta en italiano.

— Bienvenidos a "triumf", significa triunfo en ruso, lo llamé así porque gracias a mis triunfos es como lo conseguí. – Miré el costado donde la palabra, inteligible para mí, se posaba de color plateado, "триумф".

— Perfecto. Hijo, sube – hice caso.

— Gracias Jefferson, volveremos sobre las siete – mis ojos miraron a aquel ruso de cabello blanco, sonreía con una dentadura perfecta.

— ¿Qué? ¿Cómo? – un chico comenzó a soltar el amarre del Yate y este fue moviéndose.

— Los sueños, busca los sueños – dijo mi padre mientras nos alejábamos.

— ¡Mierda! – Solté. Me senté sobre uno de los asientos totalmente refunfuñado. Aquello había sido una trampa, papá no había subido al barco, dejándome con un total desconocido.

— Señor, aquí tiene el uniforme.

Miré a Seriozha preguntándome por qué necesitaba un uniforme, cuando entonces esté lo estiró hacía mi dirección.

— Puedes cambiarte en el baño de abajo.

— ¿Cambiarme?

— Sí, esa no es ropa apropiada para este Yate – resoplé y cogí las prendas. Bajé por las escaleras encontrándome una mujer con una chica un poco mayor que yo, esta sonrió y siguió a su madre. Mi corazón se aceleró como me pasaba desde hacía unos meses cada vez que conocía a una chica.   Corrí al baño y me cambié en seguida. Entonces me di cuenta de que aquella ropa no era de tripulante del Yate, sino de marinero, sin el cocodrilo de Lacoste.

"Tal vez no tenían más ropa". Dije intentando que mi mente no se asustara.

Terminé de vestirme y dejé la mía en un cesto de ropa sucia. Corrí escaleras arriba y al llegar donde estaba el capitán del Yate, saludé. Este se quedó mirándome con cara de no comprender. Vi unas copas de gaseosa con limón y tomé una. La chica estaba sentada, mirando el mar. Caminé hasta ella y la saludé.

— Hola, soy Porthos – dije dándole la mano.

— Hola, yo soy Ekaterina, encantada – su acento ruso me parecía dulce.

— ¡Porthos! – El grito de aquel hombre hizo que me sobresaltara. – No tienes derecho a ningún descanso – entonces sus ojos miraron la copa que residía en mi mano, este la arrancó de mis dedos – ni tampoco a tomar algo, estas aquí para trabajar.

— ¡¿Trabajar?! – Grité realmente aturdido.

— ¿Para qué crees que te ha enviado aquí tu padre?

— Para ver que esta vida es mejor que andar por ahí haciendo el vago.

— Esta vida vale dinero, mocoso, y tú vas a ganarte ir en este yate con trabajo. Así que puedes ir a ayudar a los demás a hacer la cena.

Parpadeé un par de veces sin poder creérmelo.

— ¡Ahora! – Me gritó. Me moví algo mareado hasta ver a unas chicas con pañuelos en la cabeza y pelando patatas. Fui directo hacía allí.

— El niño rico nos honra con su presencia – dijo una chica rubia de ojos verdes, pelaba patatas con facilidad.

— No soy un niño rico – la mujer de al lado me dio un pañuelo azul marino y luego un bote con bolitas de color rojo.

— Para ti lo fácil, pon en estos panecillos el caviar rojo, a los rusos les chifla.

La boca se me hizo agua, me encantaba el caviar.

— Y nada de comerlo, esa porquería es asquerosa, puede sentarte mal – resoplé ante las palabras de la mujer.

"Pobres chicas, nunca probaron el caviar."

— Me llamo Mikaela, por cierto – dijo la chica de ojos verdes, la que pelaba patatas.

— Porthos – y abrí el bote. Con una cucharita fui rellenando los panecillos, luego mayonesa de huevos de codorniz y una rodaja de pepinillo encima.

— Voy a ver si está la carne – dijo la mujer dejándome a solas con la chica.

— No te va a sentar mal, los ricos saben comer bien, es solo que Natalia les tiene celos. Lleva trabajando en Yates desde los 12 años, siempre viendo el lujo, pero nunca tocándolo.

Asentí al comprender.

— Pero lo desea.

— Todos lo deseamos – dijo ella con una gran sonrisa – la cuestión es que no sabemos cómo alcanzarlo, trabajando en un Yate por supuesto que no.

— ¿Por qué no le preguntas a Seriozha? – Ella paró de pelar patatas y las puso a cocer.

— ¿Al señor Seriozha? No creo que comparta sus secretos – me encogí de hombros y seguí rellenando panecillos. Entonces mi teléfono sonó, lo tomé en seguida.

— Porthos, ¿qué tal?

— Papá, ¿por qué me has hecho esto? Ese Seriozha me ha puesto a trabajar con otras personas.

— ¿Y qué?

— Pues que dijiste que yo nunca iba a tener que trabajar en algo que no me gusta y es justo lo que estoy haciendo ahora – Mikaela me miraba de reojo, me aparté un poco más de ella.

— Te dije que no ibas a trabajar en algo que no te gustaría porque creí estar inculcando grandes secretos de mi éxito en ti, pero tu comportamiento de los últimos meses me tiene preocupado. Creo que es porque no tienes un "porqué". Las personas de éxito lo tienen Porthos y tú solo andas como un fantasma de aquí para allá. – Y colgó, dejándome totalmente enfurecido. Guardé el móvil en mi bolsillo y continué con mi trabajo.

— A veces los padres hacen cosas que duelen, pero que son buenas para nosotros.

— Tú que sabrás, seguro que tus padres son unos muertos de hambre – la chica me miró con sus ojos penetrantes, creí que iba a insultarme cuando su acción fue aún más sorprendente, me abofeteó con lágrimas en sus ojos.

— ¡Eh! ¿Qué pasa aquí? – Fui a decirle que me había golpeado, pero entonces vi el miedo en sus pupilas, yo podía irme de allí al atardecer y seguir con mi estupenda vida, ella seguramente tendría que buscar otro trabajo.

— Todo va bien – dije sintiéndome humillado.

— Ok, acaba con la otra bandeja y sírvelo en la mesa.

— Sí señora – dije abriendo otro bote de caviar, sabía que podían llegar a costar más de 10.000€.

Terminé en silencio con los panes mientras Mikaela vertía leche en el puré de patatas, que estaba preparando, esparció hinojo y polvo de cardamomo. El olor hizo a mis tripas rugir. Entonces comenzó a reírse y yo la seguí.

— Shhhh, servid ya – asentí poniéndome serio, tomé la bandeja, pero antes de irme volví la mirada a la chica de las patatas, la cual me sonrió algo tímida. Lo tomé como que me había perdonado.

Seriozha estaba sentado junto a su familia, su mujer, su hija Ekaterina y un niño de unos 8 años que jugaba a la Nintendo. Estos hablaban en ruso, creando una burbuja entre ellos.

— Oh, Porthos, gracias – dijo el hombre al ver la bandeja de aperitivos de caviar rojo.

— De nada, señor – este me miró anonadado por mi tono respetuoso.

— No creas que has terminado tu jornada, aun no iremos al puerto, te queda mucho por lo que trabajar.

Mikaela apareció sin el pañuelo, dejando sus rizos rubios al descubierto. Esta puso el puré de patatas en una bandeja de plata, con cebollino y miel creando una montaña blanca.

— Hermoso Mikaela – la hija de Seriozha la miraba con cierto recelo. Fui a irme, pero Natalia me detuvo.

— Hasta que no terminen de comer no nos movemos – asentí colocando las manos detrás de mi espalda. Cada minuto que pasaba mi estomago rugía más fuerte, hice un intento de taparlo con mis manos, pero era imposible.

— Delicioso, el postre, por favor – dijo Seriozha. Mikaela se movió y yo le seguí, Natalia se quedó en su lugar.

— ¿Qué haces cuando tienes hambre? – La chica me miró sin comprender. – Si tuvieras hambre ahora, ¿qué harías?

— No podemos comer hasta que no terminen, luego comeremos los bocadillos.

— ¿No os preparáis la comida? – Esta rió y tomó los platos de arroz con leche. La imité y llevé los otros dos. Al dejarlos sobre la mesa mi estomago rugió.

— ¡Vaya! ¡Alguien tiene hambre! Vayan a almorzar, gracias por la deliciosa comida – asentí algo triste porque yo no había traído nada de comer.

— ¿A donde vas? – me preguntó Mikaela al verme ir al camerino.

— Mi comida está abajo. – Mentí.

Bajé las escaleras sintiéndome desfallecer, me metí en el baño y lloré como un niño. Si aquello me parecía duro, ¿cómo sería vivir así cada día?

Permanecí encerrado sin ser consciente del tiempo, tenía la vaga esperanza de que se olvidarán de mí y llegaremos ya al final de aquel horrible día. Pero ni fue así.

— Porthos – me limpié las lágrimas y salí del baño, era la chica de las patatas. – Van a bajar a su playa privada, hay que recoger todo en 10 minutos.

Asentí y corrí con ella hasta la proa. Estábamos a punto de embarcar, así que estos tomaron un bote hinchable y se fueron con el capitán remando, Natalia soltó un ancla y dio dos palmadas.

— Yo cocina, vosotros la mesa – asentimos tomando cada vaso y copa con rapidez mientras Natalia fregaba, luego platos, servilletas, cubiertos y la velocidad era lo único que me importaba en aquel momento. Tanto que el hambre llegó a desaparecer.

Acabamos en siete minutos.

— Uffff – Mikaela se sentó en uno de los asientos y Natalia igual.

— Vendrán en tres minutos. – Dije alarmado al ver que se tomaban una pausa.

— No, de hecho, suelen estar treinta, pero nos gusta tener un poco de descanso. Cuando vuelvan querrán cócteles los padres en privado y los hijos pedirán dulces con batidos.

Asentí al ver como lo tenían todo cubierto.

— ¿Qué has hecho para que tu padre te envíe aquí? – Me encogí de hombros ante la pregunta de Mikaela, esta esperaba mi respuesta con los ojos entrecerrados a causa del sol.

— No tener sueños. – Respondí intentando ser algo misterioso.

— Vaya, en ese caso dile que me adopte, tengo muchos – soltó Natalia con una risa exagerada.

— ¿Cómo cuáles? – Esta se quedó mirándome, parecía que era algo que solía decir, pero no explicar.

— Pues…no trabajar más, ese es mi sueño, pasarme el día en una piscina, en un lugar donde no haga frío y tener criados para mí.

— Sí, pero ¿cómo lo conseguirías?

Esta se quedó mirándome con su cara rechoncha y colorada.

— La lotería, si me toca la lotería es lo que haría – se levantó dejándome absorto con su respuesta.

— Entiendo a donde quieres llegar, el Sr. Seriozha seguramente consiguió esta vida trabajando y aun lo hace, como tú papá.

— Sí – respondí agradecido de que Mikaela si comprendiera.

— A mí me gustaría ganarme la vida con mis dibujos, soy ilustradora, pero ninguna editorial quiere contratarme.

— Si eres empleada de una editorial no te harás nunca rica – esta se encogió de hombros.

— ¿Qué otra manera existe? – En aquel momento me sentí como mi padre cuando hablaba a miles de personas en los eventos que organizaba.

— Puedes crear tu propio negocio, ser ilustradora y cobrar lo que quieras haciendo dibujos personalizados.

— Es una buena idea – sonreí maravillado de que lo comprendiera.

— ¿Y cuál es el tuyo? – La miré al no entender su pregunta – ¿Tu sueño? ¿Cuál es? – Me quedé unos segundos pensando hasta que este me golpeó la cabeza.

— La música.

— ¿Y te hará rico? – Me encogí de hombros.

— Hará realidad mis sueños.

Tras aquella conversación preparamos unos cócteles al matrimonio y cuencos de caramelos para los niños. No hablé más con Mikaela hasta que estábamos a punto de embarcar.

— Ha sido un placer conocerte Porthos.

— Igualmente – el barco se detuvo y esperamos a que los dueños salieran, entonces recordé algo.

— Seriozha – este se giró sonriente, estaba algo rojo a causa del sol.

— ¿Sí?

— ¿Cómo consiguió usted esta vida? – Su mujer le dio unas palmaditas en el hombro y siguió su camino.

— Soy inversor de artistas, encuentro un buen cantante, un buen pintor…e invierto – su respuesta me hizo mirar a Mikaela, a la cual le brillaban los ojos.

— Vaya, aquí hay una gran artista – este abrió los ojos ante la sorpresa.

— ¿En serio? – tomé el brazo de la chica e hice que me adelantara el paso.

— Mikaela ilustra.

— Oh, que felicidad, me encantará ver tu trabajo. Tráelo mañana – la chica asintió.

— Gracias señor.

— De nada, nos veremos pronto, Porthos – asentí y este se fue. Entonces Mikaela se giró y me abrazó.

— Gracias – le devolví el gesto y luego se marchó.

Fui a hacer lo mismo cuando Natalia me llamó.

— ¡Eh Porthos! ¡Olvidas tu ropa! – dijo alzando mi vaquero roto y mi sudadera.

— Mañana te devolveré el uniforme, la otra puedes quemarla, ya tengo mi sueño – y me fui de allí con una lección más aprendida.

Aprendizaje del Octavo Regalo: -¿Y te hará rico?-Me encogí de hombros.
-Hará realidad mis sueños.

El noveno regalo de papá

Nada en el mundo es más peligroso que la ignorancia sincera y la estupidez concienzuda.
— *Martin Luther King.*

Jose Gordo y Jacqueline M.Q.

Jose Gordo y Jacqueline M.Q.

Papá siempre ha creído que el mejor viaje de mi vida fue cuando me llevó con 14 años a Disney World. Es cierto que mis ojos se iluminaros con mis películas favoritas y que disfruté enormemente en las atracciones de Piratas del Caribe, pero para mí el viaje que ha marcado mi vida hasta ahora fue Londres.

— Porthos – mi padre entró en la habitación con una maleta de viaje gris en su mano, llevaba un lazo azul. – Nos vamos a Londres, tú y yo, padre e hijo – en aquel momento yo estaba componiendo una de mis canciones estilo trance, aquella experiencia en el Yate del Señor Seriozha me dio el impulso suficiente para comenzar de una vez por todas con mi sueño.

— ¿En serio? – Este sonrió asintiendo.

— Te he comprado una maleta para tus próximos viajes, espero que este sea el comienzo de muchos – y la dejó en la entrada de mi habitación.

— ¿A qué hora salimos?

— Esta tarde, a las 5 – asentí siendo consciente de que tenía unas horas para prepararme.

— Ok – me quité los cascos del cuello y me acerqué a mi padre, le tomé la mano en forma de agradecimiento y cogí la nueva maleta gris.

— Cuando estés listo me avisas y nos vamos a comer algo antes de embarcar – asentí de nuevo entusiasmado.   Este se fue de mi habitación dejándome solo. Abrí la maleta viendo el forro de equis de color negro y rojo. Comencé a introducir mi ropa interior, un par de vaqueros, calcetines negros y blancos, un par de zapatos Armani, mi chaqueta de Gabbana y unas camisas de la misma marca. Ya no llevaba pantalones rotos ni sudaderas, las había donado a beneficencia y me gustaba pensar que alguien no pasaría frío gracias a ellas.

Envié un mensaje a mis nuevos amigos del instituto, eran chicos listos, los cuales papá solía decir que trabajarían para mí por sacar buenas notas. Debía rodearme de personas listas que podían hacer las cosas por mí. Se acabó aquellos que solo oían música y la criticaban sin atreverse a crear la suya propia.

— Porthos. ¡Vais a Londres! – Exclamó mi madre feliz. Sonreí cerrando la maleta. – ¿Te hace ilusión? – Asentí. – Eres muy afortunado al tener un padre que desea hacer viajes contigo – sabía lo mucho que extrañaba al abuelo.

— Y él tiene suerte de tener a un hijo que quiera viajar con su padre – mi madre rió, sabía como eran los hijos de sus amigas, independientes de sus padres, no deseaban verlos más allá de las cuatro paredes de sus casas. Pero yo me sentía orgulloso de que me vieran con ellos, padres de éxito.

— Yo también tengo un regalo para tu viaje – dijo entregándome una caja blanca con una cámara dibujada sobre ella, era una Polaroid.

— Wao, gracias mamá – desde que había decidido dedicarme a la música mi madre se acercó más a mí. Vio mi amor por el arte y deseó inculcarme las mejores historias e inspiraciones de grandes artistas. Entonces le dije que la música solía llevar imágenes a mi cabeza, del estilo Polaroid, aquello la enamoró y la llevó a regalarme aquella cámara de color azul pastel y con su típica abertura por arriba.

— Londres será un gran lugar para empezar – asentí y la abracé de nuevo. – ¿Tienes ya la maleta lista? – confirmé deshaciendo el abrazo y guardé la cámara en mi mochila de mano de color azul marino, junto al iPhone, los auriculares Beats, que mamá me renovaba cada año, mi libro de Piense y Hágase Rico y un iPad para seguir creando música.

Salí de la habitación junto a mi madre y mi nueva maleta. Papá estaba en el sofá respondiendo algunos mensajes del negocio.

— I am ready[1] – dije en inglés.

Mi padre alzó los ojos y sonrió de oreja a oreja al ver a su hijo listo para su primer viaje a la hermosa Inglaterra.

— ¡Vamos!

Antes de embarcar fuimos al mismo Hard Rock Café de mi cumpleaños, cuando me regaló el libro que me cambió la vida. Quería pedirle perdón en aquel momento y decirle que tenía aún el libro, subrayado, con las páginas amarillas del uso, con los lados doblados en mis frases favoritas, pero al ver como sonreía, decidí no recordarle mi comportamiento tan caprichoso de aquel día.

— ¿Y por qué vamos a Londres? – Este sonrió tras pedir un Bistec con salsa americana, yo en cambió preferí costillas BBQ.

— Me ha invitado un conocido millonario de Bienes y Raíces, quiere que invierta en casas de lujo en Londres.

— Ohhhh, que interesante, ¿conoce a Kiyosaki también? – Mi padre asintió.

— Sí, va a muchos de sus eventos – asentí sabiendo que papá también solía ir.

— ¿Tendremos tiempo para ver Londres? – Pregunté con cautela para que no se preocupara si solo íbamos por negocios.

— Claro, estaremos tres días, esta tarde tendré la reunión y les daré mi propuesta, al día siguiente por la mañana me confirmarán y el resto del día junto al siguiente será todo nuestro. Tomaremos el avión de la madrugada.

---

[1] Traducción al español: Estoy listo.

— Cool[2] – dije practicando mi inglés. Mi instituto era Trilingüe por lo que aquel idioma era mi segunda lengua junto al alemán.

Tras aquel almuerzo fuimos directos al aeropuerto donde las maletas se abrieron, se apagaron todos los dispositivos electrónicos que llevábamos, los zapatos, las chaquetas y pasamos por los controladores seguido de preguntas típicas de "¿Va usted a Londres por Negocios o Vacaciones?". Y yo orgulloso respondía: Negocios.

2h y 35 minutos hicieron falta para llegar a Londres desde Málaga.

La capital de Reino Unido nos saludaba al aterrizar con su cielo siempre encapotado en el mes de marzo. En el taxi, los ladrillos rojos de las afueras de la ciudad palpitaban en mi corazón, al estar en uno de los lugares que siempre había soñado ver. Nos íbamos acercando al centro cuando las calles se abrieron con más coches de color negro, clásicos, como el nuestro, con asientos donde cargué mi iPhone e iPad. Las personas que caminaban por las calles eran de lo más variopintas, vestidos de firma elegante, otros con el cabello azul, con trajes chillones, con poca ropa, con estilo, con prudencia y extravagancia. Aquello era una verdadera Ciudad de Mundo.

— ¿Dónde será la reunión? – Pregunté a mi padre.

— En el Business Build – el nombre me pareció extraordinario.

— ¿Por qué se llama así? – Quise saber sin dejar de mirar la ventana, donde las gotas de lluvia se deslizaban por el cristal.

— Es donde ocurren los Negocios, personas de todo el mundo se reúnen para cerrar tratos. Por ejemplo, nosotros venimos desde España y el hombre con el que voy a reunirme, que se llama Martin, viene de Chicago.

Mis ojos se iluminaros al oír el estado de América.

— Algún día viviré en Estados Unidos – dije añadiéndolo a mi lista de deseos junto al Ferrari.

— We have arrived sir[3] – anunció el taxista.

Mi padre entregó las libras que el taxista solicitó por sus servicios y yo bajé. Sacamos las maletas y fuimos directos al Hilton, donde aquel hombre llamado Martin, nos había reservado habitación.

El recepcionista nos recibió amablemente y ambos le seguimos hasta nuestras habitaciones. Me fijé en las lámparas elegantes de araña de cristal, en el suelo de mármol, en los hombres elegantes de traje y en las mujeres con vestidos negros o azul marino. Eran diferentes a las personas que había conocido en el resto de países que había estado, allí se palpaba algo más…dinero y negocios.

---

[2] Traducción al español: Guay.

[3] Traducción al español: Hemos llegado señor.

— This is your room[4] – nos indicó abriendo la puerta.

Una habitación de paredes blancas y con cuadros de Londres en blanco y negro nos dio la bienvenida.

— Thanks[5] – le agradeció mi padre tomando la llave y dándole propina al hombre, este sonrió y nos dejó solos. Entonces me fijé en el sofá de color crema, con unos paquetes sobre este.

— ¿Son para nosotros? – Mi padre asintió. Fui directo a abrir el que decía Porthos. Un papel de seda ocultaba una bonita corbata de color azul marino. – Ohhh, es muy elegante.

Entregué a mi padre el suyo el cual desveló la misma pieza que la mía, pero de color gris perla, como las que le gustaba llevar.

— Hay una nota – dije al ver la mesa llena de caramelos, una botella de Champagne y dos copas. – Espero que esta estancia cree un gran negocio y además les haga feliz mi ciudad favorita en el mundo. – Traduje para mi padre.

— Aprende Porthos – comenzó a decir mientras se quitaba el abrigo negro – si vas a hacer negocios con alguien que no conoces, empieza con que se lleve una buena impresión. Los regalos destacan que me ha investigado, pues sabe que solo llevo corbatas de ese color y se ha acordado que mi hijo viene conmigo. Nos ha invitado a su ciudad favorita, lo cual hace que estemos en su terreno, donde se siente cómodo y relajado.

Asentí intentando memorizar aquello.

— ¿A qué hora es la reunión? – Mi padre miró su teléfono.

— En una hora, voy a ducharme en mi bañera – dijo corriendo alegre por la estancia. – Tu habitación está tras aquella puerta – y se perdió su voz tras el muro del salón.

Tomé mi maleta y miré la pared que había a unos metros detrás del sofá. Estaba decorada con un papel de ribetes dorados, dándole un aspecto a habitación secreta. Giré el pomo y ante mí se abrió una enorme cama, con enormes almohadas y un enorme cuenco de Lollipops de Chocolate, vi la marca Starbucks.

— Este hombre ya me ha conquistado – y me tiré sobre la cama a comer chocolate.

En media hora ambos estábamos listos, con nuestras nuevas corbatas, mi estómago lleno de chocolate y peinados de la misma manera. Mamá había comprendido que me había cortado el pelo para ser como mi gran héroe, papá, por eso desde aquel día, en el Yate, me dejé aquel

---

[4] Traducción al español: Esta es su habitación.

[5] Traducción en español: Gracias.

look.

— ¿Había algo en especial en tu habitación? – Pregunté mientras bajábamos en el ascensor.

— Latas con nueces de macadamia. ¿Y en la tuya?

— Unas piruletas de chocolate de Starbucks.

— Oh, iremos mañana a desayunar, dicen que aquí son diferentes – sonreí entusiasmado por aquel viaje.

Un chofer nos esperaba con un cartel que decía: Jefferson y Porthos Gispert.

Saludé orgulloso de que vinieran a buscarnos.

— Hola, soy Jefferson y mi hijo Porthos – dijo mi padre dándole la mano.

— Es un placer señor – respondió este con acento inglés. – Mi nombre es John y seré su chofer durante su estancia en Londres por petición del Señor Martin.

— Encantado de conocerle John – este asintió y estiró su guante negro de cuero.

— Síganme, por favor – hicimos caso dirigiéndonos fuera del hotel, donde un hermoso Jaguar negro nos esperaba. John nos abrió la puerta de atrás y esperó a que nos sentáramos para cerrarla. Luego giró por delante con cierta rapidez y se sentó para conducir aquel precioso vehículo felino. Nuestras ventanas estaban tintadas de negro, como si fuéramos famosos. Entonces miré a mi padre, el cual repasaba las condiciones que presentaría al Señor Martin.

"Si alguien de Chicago le ha contactado e invitado hasta aquí significa que es famoso".

Con aquel pensamiento que me hinchaba el corazón de felicidad, observé las calles de Londres. El hecho de estar allí no era lo único que me llenaba de ilusión, sino que papá hubiera decidido llevarme como uno más de su equipo.

— Hemos llegado, señor – esperamos a que John nos abriera la puerta.

Al bajar del coche no pude evitar pararme en seco y alzar la vista ante aquel enorme edificio de cristales, podía ver el cielo y las nubes sobre ellos.

— Aquí tienen sus identificaciones – dijo John entregándonos dos collares de color negro con unas tarjetas que decía "Mr. Porthos Visitor", en mi caso.

— Gracias – John inclinó la cabeza en señal de respeto a mi agradecimiento.

— Cuando concluyan estaré aquí para llevarlos donde deseen.

Y volvió a meterse en el Jaguar para dejarnos solos a papá y a mí.

— Vamos allá – entramos en el edificio con más personas de traje y corbata. Aquel lugar era enorme, con el suelo de blanco y un techo altísimo donde se veía una escalera de caracol. Había una recepción con unas 5 mujeres de cabello recogido y sin maquillaje apenas.

— Welcome Sir – dijo la segunda chica de la fila – How can i help you[6]?

— Hello, my name is Jefferson Gispert, I have a meeting with Martin Sky[7] – la chica nos sonrió y miró en su ordenador, tecleó un par de cosas y luego volvió a mirarnos con una bonita sonrisa.

— Effectively, Mr. Sky is waiting on floor seven, door four[8] – y señaló hacía su derecha.

— Thanks – agradeció mi padre y ambos fuimos directos a una especie de controladores metálicos de color plateado, parecido al de los metros, pero más elegantes y futuristas. Había 8 en total, los cuales estaban protegidos por un hombre de seguridad de negro, con gafas de sol y pinganillo en el oído. Estos parecían sostener sus semblantes serios todo el tiempo.

— Hello – saludó mi padre.

— Hello Sir – dijo el hombre tomando la tarjeta de mi padre, la giró mostrando un código de barras, lo pasó por una pequeña maquina el triple de grande que una caja de cerillas y esta marcó una luz verde en su parte frontal. – Please – y pasó por los controladores, los cuales se marcaron de color verde. Luego llegó mi turno, el hombre repitió el proceso con el mismo resultado. Pasé por las barras metálicas y de nuevo verde.

— Muy avanzados – les elogió mi padre mientras caminábamos hasta el ascensor, que había en medio de la sala, eran circulares y transparentes. Entramos con unas 3 personas más, marcamos el número 8 y el silencio fue continuó hasta que se bajaron en la planta cinco. Nadie más se subió pues todos bajaban.

— ¿Estás nervioso papá? – Este me miró.

— No, cuando algo te apasiona como a mí los negocios, los nervios no existen, solo a los cobardes con miedo al fracaso les pasa eso.

Sus palabras me llenaron de energía.

La puerta del ascensor se abrió y un pasillo nos dio la bienvenida. Caminamos encontrando puertas a la izquierda hasta dar con la numero cuatro. Mi padre llamó dos veces y unos tacones se oyeron al otro lado

---

[6] Bienvenido Señor, ¿cómo puedo ayudarle?

[7] Traducción al español: Hola, mi nombre es Jefferson Gispert, tengo una reunión con Martin Sky.

[8] Efectivamente, el Señor Sky le está esperando en el piso siete, puerta cuatro.

hasta que la puerta se abrió.

— Welcome Mr. Gispert and son. Mr. Sky is waiting in the room[9].

Ambos asentimos y caminamos detrás de la secretaria, la cual iba con paso firme por la sala hasta llegar a una puerta de color caoba, era de doble apertura. Esta tocó dos veces.

— Yes – y abrió las puertas retirándose. – Oh, mis amigos de España – el acento me sorprendió, hablaba un español casi perfecto. – Thanks Jane, you can retire[10]. – La chica asintió y cerró las puertas.

— Habla usted español con un buen acento.

— Lo aprendí leyendo y con una gran profesora, era escritora, muy exigente con la pronunciación. Y la cual se convirtió en mi esposa.

— Espectacular – dijo mi padre.

— Gracias, por favor tomen asiento – nos indicó señalando una mesa de negocios, larga, con tres sillas en la esquina de esta. Martin presidió la reunión y mi padre y yo nos sentamos cada uno en un lado. – ¿Te gusta Londres, Porthos?

— Por supuesto, se está convirtiendo en una de mis ciudades favoritas – dije tomando un tono educado.

— ¿Te gustaría vivir aquí?

— Por supuesto, dígame un número e iré a por el – Martin rió en seguida al entender mi respuesta.

— Eres como tu padre, todo lo que se propone lo consigue.

— Así es.

— Yo también tengo hijos, dos para ser exactos, pero solo quieren dinero, no aprender de los negocios. La única vez que me acompañaron a Londres fue porque había un concierto de un grupo inglés. Tienes suerte Jefferson de que su hijo esté inculcado en los negocios.

— Bueno – miré a Martin, el cual tenía una cabellera rubia que se movía graciosamente. Sus ojos grises me miraron felices. – No deseo llevar el negocio de mi padre, me gustaría tener el mío propio.

— Vaya, ¡mejor aún! Los herederos son muy malos ricos – reí. – ¿Y cuál es tu proyecto de futuro entonces?

— La música.

— Un sector interesante – este se acomodó colocando las manos sobre la mesa. – Voy a darte un pequeño consejo, Porthos – asentí a la espera – si vas a ser músico, no te limites a saber solo como componer grandes canciones. Debes estar de lleno en el negocio. – Sus palabras me dejaron algo confundido, al ver mi gesto continuó. – Te contaré mi historia – miré a papá, parecía realmente sereno porque aquel hombre me dirigiera su atención. – Nací en Chicago, donde mi padre era un

---

[9] Bienvenido Señor Gispert e hijo. El Señor Sky espera en la habitación.

[10] Gracias, Jane, puedes retirarte.

prestigioso abogado, no perdía ni un solo caso. Este me inculcó grandes enseñanzas respecto al negocio, la ley, los jueces, el jurado, libros, cursos…todo lo necesario para ser tan bueno como él. Entonces un día encontré en su despacho un libro que le había regalado un cliente de un tal Robert T. Kiyosaki, estaba aun con el plástico, nuevo. Leí en la contraportada que aquel hombre había alcanzado la Libertad Financiera con Bienes y Raíces, entonces comencé a leerlo y me enamoré de la idea, del sector.   Así que se lo anuncié a mi padre. ¿Sabes que hizo este? – Negué con la cabeza cautivado con la historia. – Me regaló libros sobre toda clase de temas legales de Bienes y Raíces, entonces yo me reí y le dije que no me había entendido, no quería dedicarme a la parte legal, sino a los Bienes y Raíces en sí. Entonces él me dijo las palabras más sabías del mundo, dijo: "Martin, el éxito de mi negocio es que no solo sé hacer el trabajo de un gran abogado, sino de aquel que sabe como seleccionar a un jurado y hasta del mismo juez.   Mi éxito se basa en que conozco cada parte de mi negocio, no solo la que me corresponde". Entonces Porthos, si deseas dedicarte a la música, conócelo todo, desde como se hacen las pruebas de sonido, hasta la parte legal…que los expertos que contrates sepan que no pueden engañarte porque sabes tanto como ellos. Esa es la clave de mi éxito.

Fue como si me hubieran abierto la cabeza y dejado entrar luz. Aquel regalo había cambiado totalmente mi perspectiva a como quería que las cosas pasaran.

— Y ahora, hablemos Jefferson – me perdí en toda la reunión, no podía parar de pensar en lo que aquel hombre me había dicho. Realmente no recuerdo mucho el resto del viaje ya que mi mente parecía haberse partido en dos, estaba aquel lado que quería solo distraerse con las calles de Londres y el otro pensaba en lo mucho que me quedaba por saber, no era solo hacer música, era tener mi negocio de la música.

Aprendizaje del Noveno Regalo: "Mi éxito se basa en que conozco cada parte de mi negocio, no solo la que me corresponde."

EL DÉCIMO REGALO DE PAPÁ

"Cada adversidad, cada fracaso, cada dolor lleva en si la semilla
de un beneficio igual o mayor".
— Napoleón Hill.

Jose Gordo y Jacqueline M.Q.

Estaba en mi habitación. No podía parar de mirar aquella pantalla frente a mí, me parecía absurdo todo lo que había intentado hasta aquel momento, lo que había aprendido era simple chicle usado ya que no me había dado los resultados imaginados.

Di un golpe sobre la mesa lleno de rabia.

Desde mi viaje a Londres tuve claro donde invertiría los 300 euros que papá me dio en mi cumpleaños. En información. Había estudiado el mercado de la música, hecho cursos, comprado el mejor material y por fin había sacado mi primera canción al público llamada "London Success" inspirada en aquel viaje. Pero no se había descargado más que dos veces. Volví a cargar la página y seguían siendo el mismo número de ventas. Había invertido trescientos dólares y ganado 20 céntimos. ¿Cómo se suponía que iba a comprarme un Ferrari con eso?

— ¡Ahhhh! – Solté un grito desgarrador y me levanté de la silla. – ¡Soy un fracasado!

Lo que más me dolía en aquel momento no era el hecho de que mi canción no triunfara, sino que si era incapaz de ganar dinero con algo que me apasionaba y supuestamente hacía bien…¿Cómo iba a vivir? Otro negocio que no hacía surgir la pasión en mí, solo sería un fracaso total. Con 15 años comencé a sufrir porque no deseaba que mis padres me mantuvieran toda la vida, ya había dejado de pedirles dinero por capricho, tenía claro que ellos me regalarían cuando mereciera, pero deseaba tener mi futuro de una vez por todas.

Mis compañeros de instituto decían que estaba obsesionado, que seguro que mi padre me daría su negocio cuando fuera viejo, pero yo no quería eso, quería valerme por mí mismo. Si arruinaba mi negocio, ¿qué pasaría con el de papá? ¿Destrozaría lo que él había creado con tanto esfuerzo? Mi cabeza comenzaba a hincharse ante tanta tensión.

— ¡Es una mierda! ¡Soy una mierda! – Entonces la puerta de mi dormitorio se abrió de improviso y mi madre apareció, viéndome como me sujetaba la cabeza con ambas manos.

— Porthos, ¿qué te pasa? – preguntó asustada hasta la medula. Entonces caí de rodillas y comencé a llorar como un niño, como no había llorado en muchísimo tiempo. Mi madre se acercó a mí y me abrazó. – Cielo, ¿ha pasado algo malo? – Negué la cabeza mientras la abrazaba con fuerza.

— Soy un fracaso mamá, jamás podré tener éxito en nada – mi madre dejó de abrazarme para alzar mi barbilla. Ante tanta lágrima solo veía una imagen borrosa de ella.

— Tu padre me dijo exactamente estas palabras cuando tenía 23 años, antes de que nacieras. – Me sequé las lágrimas.

— ¿En serio?

— Sí, ve a darte un baño en la piscina, llevas semanas sin hacerlo y es verano, te sentará bien. Yo voy a buscar algo que te ayudará. – Asentí tomando el bañador para cambiarme en el baño. Cuando salí afuera, a la piscina, el sol me cegó durante unos segundos. Entonces parpadeé seguido hasta tener frente a mí el césped recortado, la piscina con un tobogán azul y una barbacoa encendida por la cocinera Mariana, donde la carne dejaba un olor apetitoso. Me metí en el agua despacio y sentí como mis músculos se fueron relajando, pero entonces me llegó de nuevo la tristeza, ¿y si yo no era capaz de ganar tanto dinero como para tener mi piscina privada?

— ¿Está rica? – Preguntó mi madre apareciendo con una blusa morada y un bañador debajo de esta, traía una caja de zapatos.

— ¿Qué es eso? – Dije esquivando la primera pregunta.

— El fracaso de tu padre – mis ojos le miraron sorprendida.

— ¿Papá tuvo fracasos?

— Todo el mundo los tiene cielo, Truman Capote decía: "El fracaso es el condimento que da al éxito su sabor".   Y así lo ha demostrado la historia. Ven a ver la de tu padre. – Asentí saliendo del agua y sentándome sobre la hierba fresca.

— Un día tu padre y yo fuimos a casa de tu abuelo, estábamos entusiasmados por que por fin le anunciaríamos que dejábamos la fábrica de carne donde trabajábamos para él y montar nuestro propio negocio. – Mamá me mostró una foto en la que ella y papá estaban vestidos con delantales blancos, llenos de sangre de animal y unos gorros brillantes donde se podía leer Carnes Gispert, una de las más famosas del país. – Aquella tarde los invitamos a comer a casa, hice pollo asado, el preferido de tu abuelo con puré de guisantes. Durante la comida tu padre no pudo contenerse y soltó la noticia, entonces tu abuelo nos miró serio a los dos, arrastró de forma ruidosa la silla, se levantó y se fue. Aquel fue el día que vi a tu padre llorar por primera vez.

En aquel momento entendí porque el abuelo y él no se habían llevado demasiado bien en el pasado.

— ¿Cuál era el negocio? – Mi madre sonrió con nostalgia y tomó otra foto.

— Una franquicia de comida rápida, tu padre y yo habíamos visto como la clientela preguntaba por carne ya preparada, pero nosotros solo servíamos carne cruda. Así que se nos ocurrió comprarla a tu abuelo y luego hacerla para que le gente se la llevara a casa. Se llamaba Fast Food Home. – Estiró la foto en mi dirección y los vi jóvenes, felices, con uniformes de color azul y un logo de una casa en el centro de la ropa.

Detrás había carteles de colores fluorescentes con las ofertas del mes. – Al principio fue bien, nos daba para comer, pero entonces comenzó a llegar la competencia y los precios más baratos, aunque la calidad no fuera la misma el cliente quería pagar menos. Tu abuelo quería ganar comisión de nosotros, así que nos vendía la carne cara y nosotros por lo tanto debíamos subir el precio para obtener ganancia. Al final tuvimos que cambiar de proveedor y aquello enfureció a tu abuelo, entristeció a tu padre y el negocio acabó cerrándose.

— Pero no fue vuestra culpa, si el abuelo no hubiera abusado…

— En aquel momento nos parecía tener toda la culpa, pero aquello solo era un intento, fracasa más el que no lo intenta, Porthos. – Me quedé unos segundos pensando en aquella respuesta. – Después de aquello tu padre intentó crear otro tipo de Franquicias, pero los recuerdos acudían a él, el fracaso le perseguía. Entonces naciste tú unos años después y el mismo día que le dije que estaba en el hospital a punto de dar a luz, él salió a buscar trabajo, haciéndose Comercial de Seguros.

— No sabía que fue por mí – mi madre asintió.

— Fue gracias a ti – sonreí y miré la siguiente foto que me entregaba, yo diminuto en los brazos de mamá, totalmente enrojecido, y luego papá feliz con el maletín que había usado durante 7 años y luego había quemado conmigo y mamá.

— Cuando decidió dejar la compañía y conoció el Marketing Multinivel fui yo quien entró en pánico, recordé nuestro fracaso…

— Por eso te pusiste histérica cuando dijo que había quemado los barcos – mi madre se rió porque aquello era parte de la historia del éxito.

— Sí, ¿recuerdas que te envió a ir a la habitación para hablar conmigo? – asentí, fue cuando reconté mis juguetes.

— Me dijo: "Melody, aquello solo fue un intento, lo intentamos y perdimos. Pero ¿y si ahora al intentarlo, tenemos éxito?" Ese "y si" fue suficiente, Porthos, le dije que sí y cuando viniste a quemar tus juguetes sentí como todo cobraba sentido. Entonces entendí que cuando fracasas tienes un mapa único.

— ¿Un mapa?

— Sí, el fracaso del que te estabas arrepintiendo te ha dicho como no hacer las cosas, ahora si lo intentas de nuevo sabrás como no debes hacerlas, creándote otro camino en el cual puedes encontrar el éxito.

Sonreí al comprender sus valiosas palabras.

— Gracias mamá – dije abrazándola.

— ¡Eh! ¿Qué tal va la barbacoa? – Papá apareció con su bañador.

— En 10 minutos estará lista, señor – dijo Mariana.

— ¿Qué tal Martin y Sheila? – preguntó mi madre refiriéndose al inversor de Chicago, ahora eran amigos de mis padres y sus hijos de mí.

— Muy bien, mandan saludos y además nos invitan a pasar allí unas semanas.

— ¿En Estados Unidos? – Pregunté ilusionado.

— Así es – me levanté enseguida y corrí en dirección a la casa.

— Hijo, ¿dónde vas? – Preguntó mi padre.

— A intentarlo una vez más.

Aprendizaje del Décimo Regalo: "El fracaso del que te estabas arrepintiendo te ha dicho como no hacer las cosas, ahora si lo intentas de nuevo sabrás como no debes hacerlas, creándote otro camino en el cual puedes encontrar el éxito."

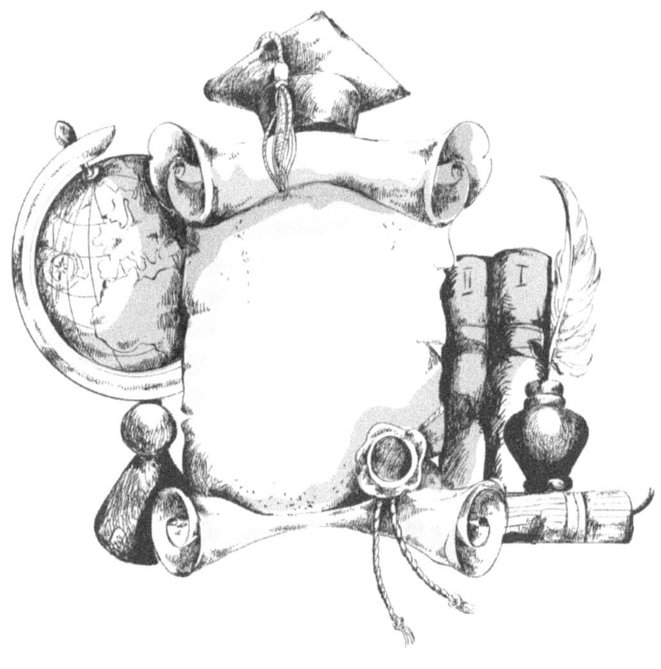

El último regalo de papá tiene que ver con este trabajo que la Señorita Anna nos encomendó hace unas semanas y que yo entregué con 2 semanas de retraso.

Al principio el texto consistía en una hoja donde hablaba de la música y que gracias a mi padre había podido vender ya mi primer álbum, pero entonces me di cuenta de que él había hecho mucho más. Por ello cuando la profesora preguntó si tenía lista mi redacción, yo convertí la mía en una bola de papel arrugada. Estaba empezando a recordar el momento en que cambió toda mi vida, debido a un acontecimiento de aquella misma mañana.

Papá me llevaba al instituto cuando un semáforo en rojo nos detuvo, miré a la derecha y vi a Ernest, un compañero que me ayudó a aprobar Física hacía dos años, pero que tras el verano comenzó a vestirse raro y a fumar. Entonces mi padre se dio cuenta de que estaba mirando su coche y a su padre, un hombre que se ganaba la vida dibujando cómic para grandes editoriales.

— ¿Por qué ya no invitas a Ernest a casa? – La típica pregunta de los padres cuando no comprenden los cambios de los adolescentes tras el verano.

— Ahora es diferente – dije a punto de subir la música y dar por concluida la conversación, entonces mi padre tomó mi muñeca. Le miré y este negó la cabeza, el semáforo cambió a verde y arrancó.

— Creí que gracias a él no te quedaste hace dos años sin Disney y aprobaste Física por sus clases.

— Si – dije hundiéndome en el sillón.

— ¿Le diste las gracias? – Miré a mi padre.

— ¡Le pagué 100€ por 20 clases!

— Muy bien, ¿pero le agradeciste? – Me puse erguido de nuevo algo confuso.

— ¿Sueles agradecer a los de la tienda de Armani? – Mi padre me miró con una gran sonrisa.

— Claro, ¿y sabes por qué? – Después de mi experiencia en el Yate no volví a hablarle de mala manera a mi padre, pero en aquel momento habría estado dispuesto a hacerlo ya que creía tener razón.

— No lo sé – mi padre aparcó cerca del instituto. Mis amigos me vieron y saludaron, pero yo solo devolví la mirada a papá.

— Porque en Armani puede que sea su deber tratarte bien y ser amables, pero si agradeces ese comportamiento la próxima vez lo harán con gusto y puede que hasta te ofrezcan un buen descuento, porque no sería un cliente corriente snob que compra y espera a que le traten bien por ello. Me gusta que sean amables conmigo, por eso yo lo soy con los demás. Cuando ves a Ernest, ¿qué sientes?

— Incomodidad – respondí cruzándome de brazos.

— ¿Y por qué crees que esa es tu sensación? – resoplé.

— Porque nunca le dije gracias, simplemente le di la espalda después de que el curso acabara.

— Porthos, cuando damos las gracias por haber recibido algo que nos ha hecho mejores o nos ha dado felicidad, nos sentimos totalmente llenos. De lo contrario, solo sentirás un vacío por no haber dado la propina del Gracias.   ¿Comprendes? – Asentí – no te estoy diciendo que seas su mejor amigo, pero he notado tu incomodidad, es como si el día que me hice millonario no agradeciera a Tobías, cuando fue el quien me instruyó.

En aquel momento lo entendí del todo. Ernest había sido mi líder de la Física y yo había aprobado la asignatura sin tener en cuenta que el 50% del mérito era suyo.

— Gracias papá.

— Es un placer, que tengas un buen día – y chocamos los puños. Bajé del coche y en vez de ir directo a mis amigos corrí hacía las puertas de entrada.

— ¡Ernest! – El chico se giró con sus rastas, tenía los ojos algo enrojecidos, pero una gran sonrisa se reflejaba en sus labios.

— ¿Porthos? Vaya, te acuerdas de mi nombre – dijo el chico dejándome algo avergonzado, cuando empezó a reír y a darme palmadas en el hombro. – ¿Qué tal estás tío? ¿Necesitas ayuda con la Física? – Negué la cabeza.

— Solo quería darte las gracias por haberme ayudado hace dos años, gracias a ti mis padres me regalaron un viaje a Disney.

Este sonrió de oreja a oreja.

— Un placer. Yo gracias a ti pude probar algunos caprichos con los cien pavos que me diste. ¡Una pasada! – Reí y caminé a su lado.

Cuando llegué a la clase de Miss Ana sentía que aquella redacción no estaba agradeciendo para nada los regalos más importantes que papá me había entregado, por ello rebobiné en mi mente hacía atrás. Comprendiendo que las experiencias vividas hasta hoy, se podían convertir en reglas básicas para toda mi vida. Y estaba dispuesto a sacrificar mis notas en literatura por tal de cumplir con mi cometido como hijo y fiel seguidor de mi padre. Que era agradecer.

Entonces llegué a casa, con la mente congelada, con varias escenas de lo que había sucedido, desde que papá había llegado a casa con los libros de Kiyosaki. Al principio solo iba a contar lo que aprendí de la Libertad Financiera, pero entonces recordé la primera vez que oí la expresión "quemar los barcos" y fue ahí cuando me detuve al notar que había sucedido al año siguiente. Con 16 años era más consciente del tiempo e incluso pregunté a mi padre por aquellos acontecimientos para saber si mi memoria infantil no los había tergiversado. Cuanto más recordaba más regalos salían en mi mente, otorgando la capacidad de comprender que mi pasión por la música y mi éxito en el primer álbum no se había creado por una simple frase de "no te rindas", sino de una serie de acontecimientos de 11 años.

En dos semanas completé los 11 regalos de Papá. El último, el cual escribo ahora es mi Gracias a él, a Jefferson Gispert porque me enseñó que debo gastar menos de lo que gano, que solo si tienes algo mejor puedes renunciar a lo que no te hace feliz, que mis notas nunca me dirán si seré millonario, a rodearme de personas exitosas, que un líder es aquel que inspira, que nunca hay que dejar de aprender, no olvidar que compramos tiempo para estar con los que amamos, no solo cosas. Tener un sueño te inspirará a hacer lo necesario para conseguirlo, a aprender todos los campos de mi negocio, los fracasos son rutas que nos dicen donde no ir y el último es dar las gracias, agradecer.

Por ello agradezco a papá porque fue su experiencia la que me dio estos once regalos, el que se casó con mi madre Melody, la cual me dio parte de algunos de estos presentes.   Gracias a papá también conocí a Tobías, a Seriozha, a Martin y recuperé a mi amigo Ernest. Todas estas personas me dieron valiosas lecciones que les agradeceré de por vida.

Pero sobre todo agradezco a Jefferson Gispert por ser mi padre, por inspirarme, por hablar diferente a los demás, por darme libros en vez de dinero, por escucharme, por responder mis preguntas, por decepcionarse a veces conmigo, por seguir creyendo que no me gustó el libro de Napoleón Hill y por intentar siempre hablarme como un líder, porque es una de las maneras en que más inspirado me siento. Y por que algún día espero ser aún mejor que él y poder inspirarle yo con mis sabias palabras.

Gracias papá.

Aprendizaje del Décimo Primer Regalo: "Cuando damos las gracias por haber recibido algo que nos ha hecho mejores o nos ha dado felicidad, nos sentimos totalmente llenos."

Aterrizaje en Panamá

Jefferson se limpió las lágrimas al terminar de leer las últimas palabras del relato de su hijo.

"Gracias papá."

Sus palabras le habían hecho recordar todo aquello, lo que había vivido junto a su familia y como había intentado que Porthos comprendiera sus decisiones. A veces pensaba que no había creado una suficiente huella en él, pero tras leer aquello me se dio cuenta de que lo había conseguido.

"Estimados pasajeros, les anunciamos que aterrizaremos en Panamá en 20 minutos."

Sonrió al ver que aún tenía diez minutos para hacer una llamada. Tomó el teléfono y fue directo a Skype, era sábado por la mañana en España, por lo que Porthos debía estar en su habitación trabajando en su nuevo álbum.

En apenas unos segundos respondió con una gran sonrisa, llevaba sus gafas de pasta negra, el cabello rapado y una camiseta blanca le resaltaba el moreno de su piel. Al verlo fue como mirar a otra persona, al narrador de su historia.

— ¡Papá! ¿Ya estás en Panamá? – Preguntó con su voz de pubertad.

— Estoy a punto de aterrizar.

— Ah, ¿y qué tal?

— Muy bien, ¿qué haces? – preguntó en seguida para poder hablarle de lo que acababa de leer.

— Leer – una sonrisa se dibujó en los labios.

— ¿Piense y Hágase Rico? – Jefferson no podía contenerse más.

— ¿Cómo…? ¿Lo has visto en mi habitación? Perdona que no te lo dije aquel día… – Jefferson alzó la mano, tras haber leído su relato era como si tuviera otra parte de él en su cabeza. Una que hablaba como un verdadero observador, un instructor sobre las claves del éxito.

— Lo he leído – soltó entonces Jefferson conteniendo una gran sonrisa.

— No entiendo.

— ¿Has escrito algo últimamente? – La pregunta confundió a Porthos.

— Mmmmm, no.

Entonces Jefferson respiró hondo.

— Creo que el relato debería llamarse Los 12 Regalos de Papá, me gustan los números pares – al decir aquello una lágrima de felicidad se deslizó por la mejilla de Jefferson.

— ¿Cómo…? – Porthos pareció confuso, pequeño y delicado. Alguien le había entregado a su padre sus gracias.

— Miss Ana me lo envió.

— Oh… – Porthos se cubrió la cara con las manos y sus hombros comenzaron a dar pequeños saltitos.

— Hijo – Jefferson deseaba estar allí con él. – Perdona, no sabía que no querrías que lo leyera…

— No, no – dijo tranquilo y alzando la mirada, sus ojos estaban llenos de lágrimas y sonreía a la vez, como su padre le enseñó el día que descubrió la historia de Jobs. – Quería darte las gracias desde hacía mucho tiempo, pero no sabía cómo. Cuando escribí el relato creí que sería una gran manera, pero me daba muchísimo miedo.

— ¿Miedo? ¿De qué? – Porthos se encogió de hombros.

— De que me hubiera saltado algún regalo. Me has enseñado tanto hasta ahora.   — Bueno, creo que lo importante es que recuerdes los que más impacto te causó.   Gracias hijo, estoy orgulloso de ti y creo que puedes ser un gran escritor aparte de músico.

— Es por todos esos libros que me hiciste leer – Jefferson sonrió. – ¿Y cuál es el regalo numero 12?

— Bueno, es el siguiente: Nunca dejes nada por terminar. – Los ojos de Porthos se abrieron de par en par, mientras su padre buscaba un par de contactos en el teléfono.

— Gracias.

— Espera, aun no terminé – Porthos suspiró, había invertido tanto tiempo en demostrar que su padre no era un hombre de simples palabras, sino un narrador de regalos para su vida tan excelente, que aquel ultimo le parecía realmente soso para la imagen que había creado de él. – Después de terminar tu relato he pensado que sería un buen libro, siempre quise que un escritor contara mi historia y veo que tú ya lo has hecho. Así que si dejas este relato en un cajón con una nota que la profesora te habrá dado, solo serán unas hojas cualquiera, pero si las publicamos, pueden ser la historia de un hijo y un padre, enseñanzas para otras personas que desean hacer sus sueños realidad o que quieren educar a sus hijos en el camino del éxito. En este relato enseñas como comenzaste a comprender desde tan solo seis años y tu mente va creciendo a la vez que tu comprensión.   Creo que haría un bien a muchas personas.

— Y así concluiría el relato de verdad – Jefferson asintió orgulloso de que había entendido.

— De acuerdo – entonces Jefferson le dio al botón de enviar.

— Acabo de enviarlo – los ojos de Porthos le miraron confusos cuando volvió a Skype.

— ¿Cómo que enviarlo? – Preguntó confuso.

— ¿Recuerdas a Seriozha? – El chico asintió.

— Busca nuevos escritores, ha comprado una editorial americana… – los ojos del niño brillaron como dos hermosos luceros de chocolate.

— Pero…

— Déjame regalártelo, has hecho lo más valioso que un hijo puede hacer por su padre. Escribirle su propia historia.

Porthos sonrió y miró a aquel hombre que estaba detrás de la pantalla.

— Señor Gispert – la azafata apareció de nuevo. – Debe apagar los dispositivos, vamos a aterrizar.

— Si, gracias.

Porthos se entristeció, ahora que su padre se había sumergido dentro de su corazón podría preguntarle sobre algunos capítulos de Piense y Hágase Rico, por ello no quería parar aquella video llamada.

— Hijo, tengo que colgar. Hablamos cuando llegue al hotel.

— Sí papa, te quiero.

— Y yo a ti — y colgó.

ESCRIBIENDO...

Porthos cerró el portátil con una gran sensación de satisfacción en su corazón. Estaba escuchando un poco de música country en aquel momento, algo lenta y emotiva, como si se hubiera aliado con lo que acababa de vivir con su padre. Entonces abrió el cajón de su mesita de noche y ahí estaba el relato, con la portada de folio blanco y unas letras en medio. Lo tomó entre las manos y leyó el título: Los 11 Regalos de Papá.

Tomó un bolígrafo y tachó el número para sustituirlo por el 12.
— Siempre inspirándome, hasta el último momento.

REGALO 1 - LIBERTAD FINANCIERA

Hacer participe a los hijos del camino hacía la Libertad Financiera es primordial para el éxito de cualquier padre. Ya que al explicarles que estamos en ese trayecto, les estamos prometiendo que conseguiremos más tiempo para estar con ellos.

En el primer Regalo que describe Porthos en este libro puedes ver claramente como su hijo comprende que su padre intentará desde aquel momento tener su propio Negocio para así no tener que preocuparse más por no tener el dinero que desea.

Para que tú también puedas aplicarlo al día a día con tus hijos, te aconsejo el siguiente ejercicio:

Rellenad juntos la siguiente tabla con los Beneficios y Gastos de 30 días de ambos para así saber si estáis en bancarrota o vais por el camino de ser unos conquistadores de la Libertad Financiera.

Papá:

Beneficios	Gastos
Negocio:	Hipoteca:
Empleo:	Coche:
Inversiones:	Casa:
Bienes y Raíces:	Prestamos:
Negocio Online:	Viajes:
Reventa:	Ropa:
Total:	Total:

Hijo:

Beneficios	Gastos
Por buenas notas:	Juguetes:
Por sacar la Basura:	Cine:
Por leer un Libro:	Gominolas:
Por comer sano:	Amigos en casa:
Por lavar los platos:	Excursiones:
Llevar la compra:	Ropa nueva:
Total:	Total:

- Puedes rellenar las casillas con otra Gastos y Beneficios que tengas cada mes.

Es importante que los hijos se acostumbren desde jóvenes a ganar dinero con acciones que aligeran la vida de los adultos, al igual que es aún más importante que ese dinero que ganan sean el que pueden permitirse gastar, así serán niños independientes y además nada caprichosos.

REGALO 2 – QUEMAR LOS BARCOS

En el segundo capítulo Porthos se toma la palabra "quemar" tan en serio que acaba recontando sus juguetes y quemando los más viejos. Este ejercicio es perfecto para usted y su hijo, pues creará un recuerdo y compromiso imborrable de que se han desecho de aquello que nos les permitía tener todo lo que quieren.

Para llevar a cabo este ejercicio les recomiendo no solo que quemen objetos sino que escriban sobre una hoja el siguiente texto y lo quemen, pues no solo son cosas de las que uno debe deshacerse, también las creencias, los defectos, los recuerdos y los miedos pueden quemarse.

Texto para "Quemar los Barcos":

Yo ______________________, enumero a continuación todo aquello que me limita a tener el estilo de vida que tanto deseo y así estar totalmente abierto a nuevas emociones, experiencias, deseos y triunfos. Quemo los siguientes sentimientos:______________________________ para que sean sustituidos por ___________ ______________ ___________. También deseo ser más valiente de ahora en adelante, por lo que quemo los siguientes miedos____________ __________________ _____________. Digo adiós a todas esas experiencias que me han limitado mi desarrollo para ser millonario y le doy la bienvenida a nuevas cosas que deseo vivir como____________ _____________ _______________ __________________.

Gracias Universo y a mi mism@ por que de hoy en adelante quemo mis barcos y continuo mi camino hacia el estilo de vida que siempre he soñado que consiste en____________ __________________ ________________ .

Una vez escrito cada apartado quemadlo juntos, sintiendo como cada parte de vuestro ser se deshace para quedar un nuevo hueco que se llenará de las experiencias que siempre habéis deseado.

REGALO 3 – SACAR BUENAS NOTAS NO TE HARÁ MILLONARIO

La mejor manera de demostrar a tu hijo que sus notas no van a determinar su éxito de mayor, es leyendo las Biografías de los grandes hombres que se centraron en hacer un sueño realidad y no en sacar buenas notas. Por lo que aquí te mostramos una lista de los mejores libros sobre personas que se hicieron ricas por su pasión, esfuerzo e inteligencia en sus respectivos negocios.

— Steve Jobs (Walter Isaacson)
— Camino al Futuro (Bill Gates)
— El Desafío Starbucks (Howard Schultz con Joanne Gordon)
— Un Clic: Jeff Bezos y el auge de amazon.com (Richard L. Brandt)
— Multimillonarios por accidente (Ben Mezrich)
— Autobiografía De Charles Chaplin.
— Lennon (David Foenkinos)
— Padre Rico, Padre Pobre (Robert Kiyosaki)

— No sé dónde está el límite, pero sí sé dónde no está (Josef Ajram)
— Einstein (Walter Isaacson)
— Piense y Hágase Rico (Napoleon Hill)
— Waffles Street (James Adams)
— En Busca de la Felycidad (Chris Gardner)
— Autobiografia de A. Christie
— Autobiografía. Historia De Mis Experiencias Con La Verdad (Mahatma Gandhi)
— Napoleón Bonaparte (Valentin Hollander)
— Los secretos de la mente millonaria (T.Harv Eker)
— El Millonario de la puerta de al lado (Thomas J. Stanley)
— De cero a uno (Peter Thiel)
— Oprah Winfrey: la biografia (Kitty Kelley)
— El Príncipe (Nicolás Maquiavelo)

*Te aconsejamos que leas al principio junto a tu hijo algunos de estos libros y apuntéis cada idea, frase y comprensión que adquiriría y que puede convertirse en una clave del éxito propia.

REGALO 5 – Sé un Líder

El Liderazgo es una parte primordial en los negocios. Porthos comprendió que aquellas personas que consiguen todo cuanto desean tienen el deber de contar sus historias e inspirar a los demás a que también es posible hacer los sueños realidad.

Ahora, para saber si sois verdaderos líderes, he creado la siguiente tabla con las características propias del liderazgo que toda persona que desea éxito debería tener.

Ejercicio: Junto con tu hijo tomad un lápiz de color diferente y marcad con una equis las palabras que os definen como líderes, aquellas que dejas en blanco considerarlo una cualidad que tenéis que trabajar juntos.

Cualidades de Liderazgo:

Comunicador	Enfocado
Ser Ejemplar	Oyente
Responsable	Enseñable
Inspirador	Sincero
Don de Palabra	Integro
Motivador	Realista
Reconocedor de Potencial	Apasionado
Autentico	Innovador
Creativo	Mente abierta
Resolvedor de problemas	Paciente
Carisma	Analizador
Valiente	Precavido
Positivo	Generoso
Generoso	Humilde
Sociable	Visionario

REGALO 6 – SIEMPRE HAY QUE LLENARNOS DE CONOCIMIENTO

El libro de Piense y Hágase Rico cambió por completo la vida de Porthos, a parte de las lecciones que el libro contenía este comprendió que las personas ricas siempre están adquiriendo nuevos conocimientos y que estos le proporcionan no solo grandes enseñanzas, sino que duplica sus beneficios. Por ello te propongo a ti y a tu hijo que cada vez que leas un libro, yo recomiendo uno a la semana, lo escribas en esta tabla y pongas los beneficios que os han aportado. He creado una para un año que puedes imprimir para usar cada vez que termines el año de lectura.

Ejemplo:

Título del Libro	Dinero invertido	Aprendizaje	Ideas de Negocio
Piense y Hágase Rico	10 €	No hay límites en el conocimiento y el valor de las cosas se mide por lo que aportan.	Crear un libro sobre los hombres más ricos del mundo.

Libros Leídos durante 365 días

Título del Libro	Dinero invertido	Aprendizaje	Ideas de Negocio

*Repite el ejercicio cada año y verás como tu lista aumenta al igual que tu éxito.

REGALO 7 – COMPRAMOS TIEMPO

El tiempo es la mayor recompensa de todas. Poder llevar a tus hijos al colegio, jugar con ellos al Cash Flow, comer en sus restaurantes favoritos, ir al cine o simplemente poder darles las noches…es por lo que muchos emprenden tan arduamente. Por ello te recomiendo crear un horario para ti y tu hijo, donde ambos podéis incluir actividades que hacer juntos. Aquí te muestro un ejemplo claro de Horario de Padre e Hijo.

Lunes	Repaso de Finanzas
Martes	Grupo de enfoque
Miércoles	Aprender frases de ricos
Jueves	Hablar en público
Viernes	Ver película Biográfica
Sábado	Mini viaje
Domingo	Preparar la semana

Ahora haz el tuyo, puedes imprimir el siguiente que he preparado para ti. Lo importante es que tu hijo sea parte de tu Libertad Financiera, tanto del camino como del resultado y este tenga sus propios hábitos de gente rica.

Lunes
Martes
Miércoles
Jueves
Viernes
Sábado
Domingo

REGALO 8 – TEN UN SUEÑO

Descubrir tu sueño es muy simple con los tres pasos que voy a mostrarte a continuación:

Paso 1 – ¿Qué deseas?

Normalmente un sueño suele ir acompañado de aquello que deseamos tener en nuestra vida, ya sea viajar por el mundo, un Ferrari, escribir un libro…aquello que te haga sonreír y sentirte pleno es tu sueño. Por ello escribe a continuación una lista de cosas que deseas hacer, tener o experimentar.

Paso 2 – Visualiza

La mejor manera de visualizar es creando un mural en tu habitación y en la de tu hijo, cada uno con sus respectivos sueños. El mural debe tener imágenes de lo que queréis conseguir, por ejemplo; si tu sueño es tener un Ferrari, te aconsejo que busque en Internet o en una revista de coches cual es exactamente el modelo. Luego pega las imágenes sobre un folio de cartulina y pégalo sobre la pared donde ponga: Mis Sueños.

Paso 3 – Compromiso y Acción

En el regalo numero 8 podemos ver como Natalia, una de las cocineras del Yate de Seriozha, habla de que ella tiene sueños maravillosos, pero no dice como alcanzarlos. Esta es exactamente la diferencia entre los que lo consiguen y los que no. Pasar a la acción es primordial, no solo por el hecho de tener un cartel sobre la pared nuestros objetivos se harán realidad, debes compromete y además encontrar una manera de hacerlos realidad. Ya sea siendo dueño de tu propio negocio, con inversiones, libros o vendiendo objetos exclusivos. Lo importante es que tengas un plan de negocios, un vehículo que te lleve a tus sueños.

En mi caso es el Network Marketing. Conseguí ser libre financieramente en un tiempo récord gracias a la maravillosa industria que te forma como líder.

¡Ahora es tu turno de buscar tu medio!

REGALO 9 – Sé un experto de tu Negocio

Ya se lo explicó Martin a Porthos en Londres; "Mi éxito se basa en que conozco cada parte de mi negocio, no solo la que me corresponde."

Por ello para hacerte más simple este procedimiento, he creado una lista con cada parte que debes saber de tu negocio, buscabas, estudiadas y recuerda pasar a la acción.

Partes de un Negocio

- Legal.
- Financiera.
- Marketing.
- Redes Sociales.
- Investigación de Mercado.
- Marca Personal.
- Atención al Cliente.
- Productos y/o Servicios.
- Precios.
- Que funciona la Competencia.
- Como diferenciarte de la Competencia.
- Estrategias de Ventas.
- Publicidad.
- Expansión.
- Liderazgo
- Estrategias Gratis.
- Base de datos de clientes.
- Comunicación.
- Retorno de Inversión.
- Afiliado/Recomendación.
- Posicionamiento Online.

REGALO 10 – Aprende de los Fracasos

La madre de Porthos explicó de una manera magnifica como

aprender de los fracasos. Lo comparó con un mapa donde trazamos caminos que no hemos de seguir. Y esta es justamente la mejor manera para que comprendas que caminos seguir y cuales evitar.

Ejercicio: Escribid sobre el siguiente mapa los errores que habéis cometido hasta ahora, los cuales no os llevarán a ningún lado más que al mismo fracaso de nuevo.

REGALO 11 – LA GRATITUD

La palabra "Gracias" es tan simple de decir, pero adquiere tanto significado y nos proporciona tal satisfacción que debería de ser la primera palabra que dijéramos todos al nacer: "Gracias mamá y papá por concebirme".

Y eso es justamente lo que vamos a hacer, dar las gracias a aquellas personas que están en nuestras vidas, por ello crea una lista de Personas y envíales el siguiente mensaje a 12 personas, ya sea por WhatsApp, email o mensaje en las Redes Sociales que diga así:

Hola___________ hoy he leído el libro #Los12RegalosDePapa y me siento tan agradecida de que estés en mi vida y me hayas aportado tanto que deseaba decirte GRACIAS.
Gracias por_____________ __________________ __________

Una vez envíes este mensaje sentirás como te llenas de una gran energía satisfactoria. Puede que llenes de esperanza una vida, de amor, de creatividad y de fuerza. Un gracias puede cambiar muchísimas vidas, para empezar la tuya.

Ahora ve a mi Pagina como escritor en http://bit.ly/jose-gordo y deja tu gracias en Comentarios para que así puedas crear más positividad en el universo y en tu camino hacía el éxito.

Yo por mi parte te agradezco haber leído este libro ya sea solo o con tu hijo, hacer los ejercicios, practicar las enseñanzas y obtener la Libertad Financiera.

REGALO 12 – ACABA LO QUE EMPIEZAS

El regalo perfecto para acabar esta guía.

Cuando des por concluido este libro puede que hagas dos cosas:

- Te sientas motivado por unos días, tengas la historia y enseñanzas que te he mostrado, claras en tu cabeza, pero a medida que pasa el tiempo te vas olvidando y perdiendo fuerza hasta que encuentras un nuevo libro que te da la misma fuerza como si fuera cafeína. (Esto suele pasarle al 99% de personas en el mundo).
- O eres del 1% y decides aplicar estas enseñanzas a tu vida. Los 12 Regalos de Papá son una clara guía de por donde empezar a tener tu propio Negocio y que voy a resumirte a continuación.

1. Busca tu Negocio correcto, aquel que te dará la Libertad Financiera y comienza a trabajar en el a modo parcial hasta que tus ingresos superen a los de tu trabajo actual.
2. Una vez has conseguido mantener tu actual estilo de vida ya puedes dedicarte al 100% a ese nuevo Negocio.
3. Muchas personas creen que la inteligencia es la razón por la que las personas suelen hacerse millonarios, pero la verdad es que es el conocimiento sobre su negocio y la pasión, no las matemáticas, lo que les hizo Millonarios. Por ello estudia a personas de éxito y copia sus estrategias.
4. Rodéate de las mejores personas. Si alguien no aporta a tu vida o extrae energía de ti, rompe esa relación de inmediato al menos que te guste su estilo de vida.
5. Tener un líder es primordial, es como nuestro padre en los negocios. Búscalo, hazle preguntas, lee todo lo que te recomiende, aprende de sus errores y de sus triunfos.
6. Nunca dejes de aprender. Aunque estés ganando miles de euros, necesitas seguir informándote de toda nueva estrategia, tipo de negocio o nuevo millonario del mundo. Cuantos más conocimientos tengas más rápido crecerás en los negocios.
7. No te obsesiones con el trabajo y pierdas el horizonte. Recuerda que la mayoría deseamos ser millonarios para tener más tiempo ocupándonos que preocupándonos por el dinero, por ello ten tiempo para todo en tu vida. Para ti mismo, tu familia, tu hobby, tus pasiones, viajes, libros…la Libertad Financiera es exactamente eso, poder hacer lo que deseas con tu tiempo.

8. Ten un sueño y una manera de hacerlos realidad. Así de simple.

9. Infórmate de todos los puntos importantes de tu negocio, no contrates a personas sin saber lo básico de su trabajo y deber. Tienes que estar siempre un paso por delante de ellos y así obtendrás los mejores resultados.

10. Cuando fracases apunta en una libreta lo que hiciste mal, como llegaste a esa situación y te aseguro que si vuelves a repetirlo te darás cuenta que vuelves a tus pasos anteriores, desviando y creando un nuevo camino hacía el triunfo.

11. Da las gracias siempre, agradece haber encontrado este libro, agradece a tu familia, a las personas que están a tu lado, a tus fracasos, a tus sueños, a tu éxito y sobre todo agradece la Libertad Financiera.

Y termina, no pares hasta alcanzar tus sueños, lleva todos los pasos una y otra vez.

Gracias por leer Los 12 Regalos de Papá.
Recibe los 12 Regalos Prometidos

Como agradecimiento deseo entregarte una serie de contenido que siempre te mantendrá motivad@. Ve a la siguiente pagina:

EscritoresFamosos.com/jose-gordo/los-12-regalos-de-papa/regalos/ o escanea la imagen QR con tu móvil para descargar posters, frases y un estupendo marcador de paginas con las reglas del éxito, que Jefferson enseña a su hijo Porthos.

¡Que los disfrutes!

Envíanos una foto con el libro a Contacto@EscritoresFamosos.com y recibirás un agradecimiento especial como lector en las Redes Sociales.

Conoce mas acerca de Jose Gordo desde su pagina de escritor: www.EscritoresFamosos.com/Jose-Gordo o su pagina web oficial: www.byJoseGordo.com

Ayúdanos a inspirar a otras familias con los 12 Regalos de Papá, escribiendo acerca de lo que más te ha gustado de este libro en Amazon.

Encuéntralo desde tu buscador o escribiendo el titulo en Amazon.com.

¿Tienes una idea para un libro y deseas que Jacqueline M.Q. lo escriba?
Envía tu propuesta al email:
Contacto@EscritoresFamosos.com

¿Eres escritor y deseas publicar?
Envía tu manuscrito al email:
Contacto@EscritoresFamosos.com

¿Quieres dar a conocer tu Obra?
Envíanos una Sinopsis a contacto@EscritoresFamosos.com y te realizaremos una entrevista después de haber leído tu libro.

¿Deseas que te ayudemos con el Marketing de tu Libro?
Solicita servicios en BigBangSocial.com